FRANKREICHS NORDEN

mit dem Wohnmobil

Dr. Thomas Kliem

Spektakuläre Küste auf der Halbinsel Crozon in der Bretagne.

FRANKREICHS NORDEN

mit dem Wohnmobil

Dr. Thomas Kliem

BRUCKMANN

Strasbourg bietet viele schöne Seiten und steht bei den Touristen hoch im Kurs.

INHALT

Nordfrankreich erleben

EIN ERSTER ÜBERBLICK

Kaum zu glauben, dass weltweit kein anderes Land mehr Auslandstouristen anzieht als Frankreich. Immerhin verbringen alljährlich rund 75 Millionen Menschen ihren Urlaub in dem europäischen Land. Hinzu kommen noch unzählige Franzosen, die ihren Urlaub im eigenen Land verbringen. Frankreich steht im internationalen Reiseverkehr unangefochten an erster Stelle, gefolgt von Spanien mit »nur« 54 Millionen internationalen Gästen. Wer Frankreich kennen und lieben gelernt hat, weiß, dass die französische Lebensart gepaart mit den reizvollen Reiseregionen eine ideale Mischung für einen unvergessenen Urlaub ist. Die landschaftliche und kulturelle Vielseitigkeit des Landes macht es möglich, dass der Urlauber immer wieder auf neue und interessante Reiseziele trifft, die wiederum vielseitig sind und zu mehreren Entdeckungsreisen einladen. Zu den zweifelsfrei interessanten Urlaubsgebieten gehören die in diesem Reiseführer vorgestellten Regionen Bretagne, Normandie, Elsass, das Tal der Loire und die noch weniger bekannte Region Nord-Pas-de-Calais.

Die französische Republik (République française; Kurzform: France) ist ein fortschrittlicher Industriestaat im Westen Europas. Der Staat zählt zu den großen Ländern Europas und einflussreichen Staaten der Welt (G8-Staaten). Mit 60,4 Millionen Einwohnern steht Frankreich, gemessen an der Einwohnerzahl, nach der Bundesrepublik Deutschland, der Türkei und Großbritannien an vierter Stelle in Europa. Durchschnittlich leben 111 Menschen auf einem Quadratkilometer (Deutschland 231 Einw./km^2) und mit einer Landesfläche von 543 965 km^2 ist Frankreich weitaus größer als Deutschland (357 030 km^2). Der Sitz der Regierung ist in Paris, einer lebendigen und beliebten Metropole, die rund 2,2 Millionen Einwohner hat und mit Abstand die größte Stadt des Landes ist. In der Agglomeration sind es rund 10 Millionen Menschen. In Marseille leben rund 800 000 Menschen, in Lyon sind es ca. 470 000 Bürger und Toulouse zählt rund 430 000 Einwohner. Das Land gliedert sich in 22 Regionen, die wiederum aus Départements bestehen.

Frankreich ist ein interessantes und abwechslungsreiches Land mit Anteilen an den Alpen und den Pyrenäen. Darüber hinaus verfügt das Land über eine lange Küstenlinie am Atlantik und am Mittelmeer. Große Flüsse wie die Rhône, die Loire, die Garonne und die Seine durchfließen das Land und bilden idyllische Landstriche. Ein weiteres Merkmal Frankreichs ist die lebendige Tradition und die kulturelle Identität vieler Bevölkerungsgruppen, wie z. B. der Elsässer und Lothringer, Basken, Katalanen und der Bretonen.

Die touristische Infrastruktur insbesondere für Campinggäste ist mit 11 000 Campingplätzen sehr gut ausgebaut und die Zahl der Stellplätze für Reisemobile nimmt stetig zu. Die Rahmenbedingungen für eine schöne Reise mit dem Reisemobil auf 5 interessanten Routen sind ideal, jetzt liegt es an dem Wohnmobilreisenden, der mit einem angepassten Verhalten und einem »Bonjour« und »Merci« den Aufenthalt zu einem unvergessenem Urlaub machen kann.

Ein kleiner Streifzug durch die Geschichte der Regionen

Elsass

Der Blick auf die wechselvolle Geschichte des Elsass zeigt, dass die Region stets eine Sonderstellung besaß. Das Elsass ist und war eingebettet zwischen Deutschland und Frankreich und dementsprechend zwischen der romanischen und germanischen Kultur. Viele blutige Kriege haben in Form von Schlachtfeldern, Soldatenfriedhöfen, Festungen und Bunkern ihre mahnenden Spuren hinterlassen. In den vergangenen Jahrhunderten fiel das Elsass an Frankreich, wie nach dem Dreißigjährigen Krieg im Jahre 1648, 1871 dann an das Deutsche Reich und nach dem Ersten Weltkrieg wurde die Region wieder französisch. Im Zweiten Weltkrieg wird es von deutschen Truppen besetzt. Seit 1945 ist die Region wieder Teil der Französischen Republik und 1976 erhielt das Elsass eine kulturelle Au-

Mit dem Reisemobil ist man in der Bretagne prima unterwegs.

Linke Seite: Blumen schmücken die reizvollen Städte im Elsass.

In der Bretagne gehören die schönen historischen Pfarrhöfe wie der von St-Thégonnec zu den Sehenswürdigkeiten.

tonomie. Die Menschen haben in ihrer ereignisreichen Geschichte viel Leid erfahren und sind aus jeder Niederlage gestärkt hervorgegangen. Sie fühlen sich in erster Linie als Elsässer. Bedeutendste Stadt der Region und über die Landesgrenzen hinaus ist Strasbourg. 1949 wurde die schöne Metropole zum Sitz des Europarates gekürt und seit 1999 tagen in Strasbourg auch im Europäischen Parlament die gewählten Europa-Abgeordneten.

Normandie und Bretagne

Die Geschichte der Küstenregionen Bretagne und Normandie lässt sich weit zurückverfolgen. Zeugnisse einer jungsteinzeitlichen Besiedlung findet man in Form der zahlreichen Steinsetzungen, der unzähligen Menhire und Dolmen. Vor rund 7000 bis 4000 Jahren wurden die grob gehauenen Steine aufgestellt, die teilweise kilometerlange Alleen bilden. Rund 600 Jahre vor Christus siedelten sich an vielen Stellen keltische Stämme an und gründeten Siedlungen, aus denen zahlreiche Städte hervorgegangen sind. Viele der keltischen Stämme sind im ersten vorchristlichen Jahrhundert von den Römern vertrieben worden. Das mächtige römische Reich breitete sich unter Julius Cäsar in der Zeit von 58 v. Chr. – 51. v. Chr. im Nordwesten des heutigen Frankreichs aus. In der Bretagne beginnt mit der Seeschlacht der Römer gegen die Kelten im Golf von Morbihan im Jahre 56 v. Chr. die rund 500 Jahre andauernde Herrschaft. Unter den Römern werden viele Städte, wie Harfleur, Rouen und Lisieux gegründet und auch die Christianisierung setzte vorwiegend in der Normandie ein. Im 5. Jahrhundert nach Christus wird die Bretagne von den Sachsen und Angeln aus dem benachbarten England besiedelt. Sie bekehren die Bevölkerung zum Christentum und nennen das Land »Klein-Britannien«.

In der Normandie beginnt mit dem Einfall der Wikinger im Jahr 841 eine neue Epoche. Im Jahre 911 erhalten die Wikinger durch den französischen König das Siedlungsrecht, der Wikingerführer Rollo lässt sich taufen und wird unter dem Namen Robert Herzog der Normandie. Die sogenannten Normannen können ihre Macht festigen, das Land blüht auf und im Jahre 1066 erobert der Normannenherzog Wilhelm in der Schlacht bei Hastings England. Als Wilhelm der Eroberer geht er in die Geschichte ein. In den folgenden vier Jahrhunderten ist die Normandie Teil der englischen Krone. 1337 beginnt der Hundertjährige Krieg zwischen England und Frankreich, der erst 1453 endet. In dieser Zeit zieht die junge Jeanne d'Arc mit den Franzosen in den Krieg und wird von den Engländern gefangen genommen. 1431 im Alter von nur 19 Jahren wird sie in Rouen auf dem Scheiterhaufen verbrannt und geht als Jungfrau von Orléans in die Geschichte ein. Sie gilt fortan als Nationalheldin und wurde 1920 heiliggesprochen. Erst 1486 wird die Normandie endgültig wieder ein Teil der französischen Krone.

Die Bretagne ist über Jahrhunderte ein Herzogtum und immer wieder ein »Zankapfel« zwischen den Mächten Frankreich und England. 1341 setzt der bretonische Erbfolgekrieg ein und mit dem Tod der Herzogin Anne de Bretagne (1514) wird das Ende des Herzogtums eingeleitet. Durch die Verträge von Vannes im Jahre 1532 wird das Schicksal besiegelt und die Bretagne geht die sogenannte »ewige Union mit Frankreich« ein. Von nun an sind die Normandie wie auch die Bretagne endgültig französisch. Ein wichtiges Datum ist das Jahr 1534: der französische Seefahrer Jacques Cartier verlässt die Hafenstadt St-Malo und entdeckt Kanada. 1598 sichert das »Edikt von Nantes« die Glaubensfreiheit und beendet damit auch die Verfolgung der Hugenotten. Dieses Edikt wird jedoch durch den Sonnenkönig Louis XIV. (1685) wieder aufgehoben, so dass unzählige Hugenotten das Land verlassen. Zahlreiche Städte, in denen die Hugenotten regen Tuchhandel betrieben haben, erleiden einen wirtschaftlichen Niedergang. Im 17. Jahrhundert verbreiten sogenannte »Korsaren« Angst und Schrecken. Im Auftrag des Königs verlassen diese Piraten den Hafen St-Malos, um andere Schiffe zu kapern und mit reicher Beute zurückzukehren. Das Hissen der bekannten Totenkopfflagge war das Markenzeichen der »Korsaren«.

1789 ist das Jahr der Französischen Revolution und der Name »Bretagne« wird abgeschafft. Im folgenden 19. Jahrhundert geht die Industrialisierung in der Bretagne nur

Das mächtige und geschichtsträchtige Schloss von St-Malo.

sehr schleppend voran und die Erträge aus der Landwirtschaft können den Bedarf der wachsenden Bevölkerung nicht decken, was zu einer Abwanderung führt.

Zu den schrecklichen Ereignissen der Historie der Normandie und Bretagne gehören die Verwicklungen im Zweiten Weltkrieg. In den Jahren 1940–44 besetzen deutsche Truppen die Bretagne. Unter General Charles de Gaulle formiert sich eine Befreiungsarmee. Im Juni 1944 werden unzählige Menschen getötet und u. a. bedeutende Städte wie Brest und St-Malo zerstört. In der Normandie sind die Verluste wesentlich dramatischer. Der koordinierte Angriff »Operation Overlord« am 6. Juni 1944 mit insgesamt 7000 Schiffen und 136 000 Soldaten kostet rund 100 000 Menschen das Leben und viele Städte werden zerstört. Der Wiederaufbau der Städte erfolgt überwiegend im alten Baustil, so dass in einigen Orten die Kriegsspuren nicht mehr zu erkennen sind. In der Nachkriegszeit können sich die Regionen politisch und wirtschaftlich festigen. Der einsetzende Fremdenverkehr kann hierbei seinen Beitrag leisten. In der jüngsten Vergangenheit wird die Bretagne von zwei Umweltkatastrophen heimgesucht: 1978 kentert der Supertanker »Amoco Cádiz« und 1999 verursacht das Sinken des Öltankers »Erika« eine weitere verheerende Ölpest.

Heute gehören die beiden Regionen zu den beliebten und viel besuchten Regionen, mit einer idyllischen Landschaft, einer lebendigen Tradition und vielen Städten, die in schönen Museen von der ereignisreichen Geschichte berichten.

Tal der Loire

Im Tal der Loire lebten in der vorchristlichen Zeit die keltischen Gallier. Im Jahre 58 bis 51 vor Christus eroberten die Römer unter Cae-

Der Bau des Klosters von Le Mont-St.-Michel vor rund 1300 Jahren ist ein Meilenstein der Geschichte der Normandie.

sar die Region und ließen sich dort für rund 500 Jahre nieder. Im 4. Jahrhundert konnte der Bischof von Tours, der Heilige Martin, die Region christianisieren. In der Folgezeit stand die Region unter fränkischer Herrschaft. Das Hochmittelalter ist geprägt durch die vielen Fürstentümer. Zahlreiche Feudalherren herrschen im Loiretal. Um Angers, Blois und Tours haben sich kleine autonome Staaten gebildet. Sie rivalisieren miteinander. Insbesondere die Grafen von Blois und Anjou liefern sich Kämpfe, um an die Macht über das Loiretal zu gelangen. Im Jahre 1154 ist das Haus Anjou auf dem Höhepunkt der Macht, denn Heinrich II. wird König von England und durch die Ehe mit Eleonore von Aquitanien herrscht er über ein Reich, das England und Westfrankreich umfasst. Zwischen 1337 und 1453 erlebt die Region den »Hundertjährigen Krieg«, in dem die Loire französisches Territorium bleibt und sich den verfeindeten Engländern widersetzen muss. Allerdings wurden Teile Frankreichs besetzt. 1429 ist das Jahr der berühmten und später heiliggesprochenen Jeanne d'Arc. Diese legendäre Jungfrau von Orléans, eine 17-jährige Bauerntochter, mobilisierte die französischen Truppen und konnte das belagerte Orléans von den Engländern befreien. Mitte des 15. Jahrhunderts kehrte Ruhe an der Loire ein und die Monarchie konnte sich festigen. Es begann ein Goldenes Zeitalter und zahlreiche Regenten residierten in prächtigen Schlössern entlang des längsten Flusses des Landes. Franz I. sorgte dafür, dass sich die Renaissance in Frankreich durchsetzte und holte das Universalgenie Leonardo da Vinci an seinen Hof. Wie die Könige so zog es auch die Reichen an die Loire, die dort ihre Schlösser und Herrenhäuser errichteten. Noch unter Franz I. begannen die religiösen Unruhen, die in der Verschwörung von Amboise im Jahre 1560 und einem

Die Kirchenfenster der Kathedrale von Orléans erzählen die Geschichte der Jungfrau von Orléans.

In der St.-Martin-Basilika in Tours befinden sich die Gebeine des heiligen Martins.

grausamen Blutbad ihren vorläufigen Höhepunkt erfahren. Frankreich wird von den Königen Franz II., Karl IX. und Heinrich III. aus dem Haus Valois regiert. Sie lenken die Geschicke des Landes mal in der Hauptstadt Paris oder von den feudalen Residenzen an der Loire aus. 1589 wird Heinrich III. von einem Dominikanermönch ermordet. Ihm folgt Heinrich IV. auf den Thron, der die Amtsgeschäfte ausschließlich in Paris erledigt. Das Tal der Loire als Landschaft der Könige verliert seine einstige große Bedeutung. In den Jahren nach der französischen Revolution sorgten die königstreuen Armeen der Vendéer für blutige Unruhen an der Loire. Erst mit der Unterwerfung der Truppen im Jahr 1800 kehrt wieder Ruhe ein. Für Fortschritt sorgten die einsetzende Dampfschifffahrt auf der Loire (1829) und die Einrichtung der Bahnlinie. Das 19. und 20. Jahrhundert wird unter anderem durch blutige Kriegshandlungen zwischen Deutschland und Frankreich bestimmt. Im Deutsch-Französischen Krieg 1870–1871 kämpften deutsche Truppen auch an der Loire. Im Ersten und Zweiten Weltkrieg bleibt die Region von Angriffen nicht verschont. Im Jahre 1940 wird Tours kurzfristig der Sitz der französischen Regierung. Zahlreiche Städte fielen den Bombenangriffen (1940 und 1943/1944) zum Opfer. In der Nachkriegszeit wird die Region dank der vielen Schlösser und prächtigen Städte ein beliebtes Ziel von Reisenden. Einige Schlösser locken mit den ersten Licht- und Tonspielen (»son et lumière«). Eine bessere verkehrstechnische Anbindung wird durch die Schnellzugverbindung TGV Atlantique (1989) sowie die Eröffnung der Autobahn A28 ermöglicht. Strom liefert das erste französische Kernkraftwerk, das 1963 in Avoine erbaut wurde. Zu einem wichtigen Datum der jüngsten Geschichte gehört das Jahr 2000, in dem die

Linke Seite: Das Schloss Chambord steht für Reichtum und Prunk der französischen Monarchie.

Das Schloss von Amboise gehört zu den Prachtbauten im Tal der Loire und ist die Stätte eines grausamen Blutbades.

UNESCO den Talabschnitt zwischen Sully-sur-Loire und Chalonnes-sur-Loire in die Weltkulturerbeliste aufgenommen hat.

Klima und Reisezeit

Das Klima wird in Frankreich durch die Lage bestimmt. Während in den Küstenregionen ein ausgesprochen maritimes Klima herrscht, stößt man im küstenfernen Elsass auf ein kontinentales Klima, das jedoch mildere Winter aufweist.

Das Elsass mit der Lage in der Oberrheinebene gehört zu den klimatischen Gunsträumen in Mitteleuropa. Der Blick auf die deutsche Wetterkarte zeigt das ganze Jahr über höhere Temperaturen im Raum Freiburg. Warme Mittelmeerluft dringt ab Ende März durch die Burgundische Pforte in den Landstrich ein. Auf französischer und deutscher Seite sind die Winter vergleichsweise mild und in den Sommermonaten können hohe Temperaturen erreicht werden. Sommerliche Temperaturen von 25–30 °C sind in den Ebenen keine Seltenheit. Wärmegewitter können an schwülen Sommertagen heftige Niederschläge bringen. Deshalb sind die Sommermonate die Monate mit den höchsten Niederschlagsmengen. Die Temperaturen nehmen mit der Höhe ab und so ist es auf den Vogesenhöhen einige Grade kühler. Eine schöne Reisezeit besteht von Frühling bis Herbst. Im Herbst färbt sich das Laub bunt und mit der Weinlese locken auch zahlreiche Weinfeste und in der Adventszeit die Weihnachtsmärkte. Strasbourg hat das ganze Jahr Saison.

Die beste Reisezeit für die Bretagne und die Normandie leitet sich zunächst von den Interessen des Reisenden ab. Wer einen Badeurlaub erleben möchte, reist mit seinem Reisemobil in den Sommermonaten Juni, Juli und August an. Für Kulturinteressierte bietet sich eine Reisezeit von April bis September an.

Das Klima in der Normandie und Bretagne wird in erster Linie durch die Nähe zum Atlantik geprägt. Es ist ausgesprochen maritim und so sind die Winter im Vergleich zum französischen Inland wesentlich milder. Selbst im kältesten Monat Februar liegt die monatliche Durchschnittstemperatur bei 6 °C und jährlich werden nicht mehr als 20 Frosttage verzeichnet. Eine Rolle spielt hierbei auch der Golfstrom (in Verbindung mit den Westwinden), dessen warme Wassermassen auch die nordfranzösische Küste erreichen. Selbst im Januar beträgt die Wassertemperatur noch beachtliche 10 °C während sich die Wassermassen in den Sommermonaten auf bescheidene Temperaturen von 13 °C im Juni und 16 °C im August aufheizen. Das Meer, in Verbindung mit dem vorherrschenden Westwind ist auch dafür verantwortlich, dass der Sommer nicht sehr heiß wird. Er ist angenehm warm und so betragen die Tagesdurchschnittstemperaturen 19 °C bis 20 °C. Lediglich an wenigen windstillen Tagen erfreuen sich die Urlauber an hochsommerlichen Temperaturen. Bei der Verteilung der Niederschläge zeigt sich ein sehr uneinheitliches Bild: An der Küste liegt die Niederschlagsmenge, die überwiegend als Regen und sehr selten als Schnee fällt, bei 800 mm im Jahr und ist damit mit den durchschnittlichen Niederschlägen in Deutschland vergleichbar. Weiter im Inland sind die Niederschlagsmengen mit 1500 mm fast doppelt so hoch wie an der Küste. Hier stoßen die von Westen kommenden Wolken auf Hügelketten und es kommt zum Steigungsregen. Der Niederschlag kann sehr heftig sein und auch die Winde können in starke Stürme umschlagen, die gerade an der Küste verheerend sein können. Dann türmen sich die Wellen mehrere Meter hoch auf. Dem Besucher wird dann bewusst, mit welchen Kräften das Meer durch Abrasion die steile Küste geformt hat.

Speisen wie Gott in Frankreich

So uneinheitlich wie sich die Landschaft und die Kultur im Norden Frankreichs präsentiert, so unterschiedlich ist auch die Küche zwischen der Bretagne und dem Elsass. Da zum Kennenlernen von Land und Leuten schließlich auch die Küche gehört, ist eine kurze Ein-

Rechte Seite: Ein Sonnenuntergang an der bretonischen Küste rundet wie ein gutes Abendessen einen Urlaubstag auf die schönste Art und Weise ab.

Meeresfrüchte locken in Fischgeschäften und in größeren Supermärkten.

führung in die kulinarischen Genüsse der französischen Regionen, die man mit dem Reisemobil entdecken wird, unumgänglich.

Normandie und Bretagne

In den Küstenregionen Normandie und Bretagne wird der Reisende schnell feststellen, dass die einheimische Küche kalorienreich ist. Gekocht wird mit gesalzener Butter und die Butter macht die vielen Backwaren, wie die bekannten Galettes und Crêpes zart. Die Crêpes aus Weizenmehl sind als einfache Variante »beurre-sucre«, mit Butter und Zucker sehr schmackhaft. Typisch für die Region sind diese hauchdünnen »Pfannekuchen«. Die Galettes werden aus Buchweizenmehl gemacht und mit Ei, Käse oder Schinken belegt. Als »complète« gibt es gleich alle drei Beläge. Ein weiteres besonderes Kennzeichen der bretonischen und normannischen Küche ist in der geographischen Lage mit einer langen Küstenlinie begründet und so sind die »Früchte des Meeres« ein wichtiger Bestandteil der Küche. Damit sind nicht nur Schalentiere und Muscheln, sondern auch die Austern gemeint. In den Buchten wird Austernzucht betrieben und nach der Ernte werden sie roh mit etwas Zitrone »geschlürft«, am besten sofort am Austernstand am Hafen. Besonders schmackhaft sind sie in den Monaten mit einem »r«. In den zahlreichen Fischrestaurants wird eine »Plateau« angeboten, auf der eine große Auswahl an Meeresfrüchten den Gaumen erfreut. Darüber hinaus tauchen auf den Karten der Fischrestaurants viele wohlschmeckende Fischgerichte auf. Verarbeitet werden unter anderem Lachs (saumon), Rochen (raie), Karpfen (carpe), Steinbutt (turbot), Forelle (truite) und Seezunge (sole). In der Normandie ist der »Marmite dieppois«, ein schmackhafter Fischeintopf sehr begehrt. Neben den herzhaften Fischgerichten gehören die Lammgerichte in der Bretagne zu den beliebten Mahlzeiten.

Ein Produkt der normannischen Küche ist weit über die Regionsgrenzen hinaus bekannt, der Camembert. Von den rund 400 verschiedenen französischen Käsesorten kommen immerhin 30 Sorten aus der Normandie, allen voran Camembert. Mit seiner Weißschimmelrinde gehört er zur Familie der milden Weichkäse und schmeckt am besten bei zunehmender Reife. Dann wird die Rinde cremefarbig und das Innere wird cremig bis fließend. Seit 1230 ist er sehr beliebt und gehört auf jede Käseplatte, die man nach dem Hauptgang bestellen sollte. Dazu gehört ein frisches Baguette – natürlich mit der Hand gebrochen.

Eine schmackhafte Auswahl an Nachspeisen und Kuchen bietet die bretonische Küche. Der »Far bretone« ist ein cremiger Pudding und der »Kouign-amann« ist ein Butterkuchen, der gut zu Cidre oder Tee schmeckt. Die Getränke der Regionen sind ein besonderes Kapitel und mit dem Cidre, einem schmackhaften Apfelwein, und dem Calvados, einem hochprozentigen Apfelschnaps, hat die Normandie gleich zwei Exportschlager zu bieten. Der Cidre war in der Vergangenheit ein alltägliches Getränk, den auch der Landarbeiter in der Kanne zur Arbeit mitnahm, und der Calvados wurde bis zum Ende der 1950er-Jahre in vielen Haushalten gebrannt. Dann wurden jedoch Lizenzen benötig und so wurde er dann im großen Umfang kommerziell produziert. Neben Apfelwein und Apfelschnaps wird in der Bretagne vermehrt wieder Bier getrunken. Die Bierbrauerei hat seit dem 17. Jahrhundert eine lange Tradition und erfreut sich in der jüngsten Vergangenheit zunehmender Beliebtheit. Hoch im Kurs steht auch »Couchen«, ein Getränk aus Wasser und gegorenem Honig, das als Aperitif oder nach dem Essen getrunken wird. Auf keinen Fall darf der »Gros-Plant«, ein guter Weißwein vergessen werden, der rund um die Stadt Nantes produziert wird.

Zahlreich sind die einladenden Bäckereien in der Bretagne.

Das Elsass ist eine ausgesprochene Weinregion.

Rechte Seite: Aus dem Reisemobil kann man vielerorts den Blick über die Küste schweifen lassen.

Elsass

Das Elsass ist bekannt für seine gute Küche und auch für die guten Weine. So mancher tritt seine Reise ins Elsass an, um dort gut zu schlemmen und einen guten Tropfen zu trinken. Im Elsass sind die exzellenten Restaurants und die Sterne-Köche zahlreich. In den Töpfen und Pfannen entstehen bäuerlich deftige Gerichte. Bei den Einheimischen ist der Saumagen (Estomac de porc) sehr beliebt und versuchen sollte man den Eintopf »Baeckeoffe« mit Rind-, Hammel- und Schweinefleisch. Deftigkeit unterstreicht auch das Sauerkrautgericht »Choucroute alsacienne«, bei dem das Kraut in Wacholderbeeren und Wein gekocht wird und mit Würsteln, Schinken und Speck serviert wird. Von einer feineren Küche zeugen die vielen Schneckengerichte und zu den gern gegessenen Fischgerichten gehört der Karpfen, den man als »Carpe frite« frittiert serviert bekommt. Über die Grenzen des Elsass hinaus bekannt sind die »Quiches«. Im Ofen entsteht hierbei aus lothringischem Sauerteig, Sahne, Eiern und Speck ein herzhafter »Kuchen«, wie auch der dünne »Flammekueche«. Ein echter Kuchen ist der Gugelhupf und als Mitbringsel ein Symbol für Freundschaft. Hefeteig und Rosinen kommen in die typische Form, möglichst aus Ton, und dann in den Backofen. Später gelangen sie dann mit Mandeln verziert auf den Kuchenteller. Zum herrlich duftenden, noch lauwarmen Gugelhupf trinkt man einen Wein, am liebsten einen Elsässer Riesling. Der Reisende wird auf Anhieb merken, welche Bedeutung der Wein im Elsass spielt, denn schließlich erstreckt sich zwischen dem Rheintal und den Höhen der Vogesen ein rund 100 Kilometer langes Weinanbaugebiet. Unterschiedliche Gesteine im Untergrund sorgen für geschmackliche Vielfalt. Allen voran wird der Riesling gekeltert, ihm folgen Weißburgunder und Gewürztraminer. Die Winzer produzieren überwiegend reinsortigen Wein und anders als viele französische Winzer geben die Elsässer Weinbauern die Rebsorte auf der Flasche an. Weinliebhaber werden ihr Wohnmobil gerne auf dem Stellplatz des Winzers abstellen und so manchen guten Wein verkosten. Damit es nicht nur bei der Praxis bleibt, kann sich der Reisende auf rund 40 Weinlehrpfaden der Theorie widmen. In Strasbourg kommen die Biertrinker auf ihre Kosten, denn zahlreich sind die Brauereien. Aber auch nicht alkoholische Getränke wie das berühmte Mineralwasser »Vittel« kommen aus der Region. Von den lothringischen Vogesen wird das Wasser in die ganze Welt exportiert.

Tal der Loire

An der Loire ist die Küche deftig und einfach und selbstverständlich stößt man auch auf Fischgerichte auf der Speisekarte. Loire-Fische wie Zander und Aal werden gerne verspeist. Aber auch Wildgerichte sind beliebt (Reh, Kaninchen, Hirsch, Wildschwein). Zu einer wahren Spezialität hat sich Rillettes aus

Tours gemausert. Schweinebauchfleisch wird hierbei in eigenem Fett eingemacht und mit frischem Baguette und Essiggurken als Vorspeise gegessen. Ebenfalls bekannt ist die Tarte Tatin, eine schmackhafte, gestürzte und warme Apfeltorte. Die Äpfel kommen natürlich aus der Region, die auch als Garten Frankreichs einen guten Ruf hat, und deren Spargel und Erdbeeren auf vielen französischen Märkten verkauft werden. In den vielen Höhlen der ehemaligen Kalksteinbrüche werden Pilze, vorwiegend Champignons gezüchtet. An den Hängen reifen die Weintrauben, aus denen gute Weine gewonnen werden. Die Region rund um Saumur ist bekannt für ihre erstklassigen feinperligen Schaumweine. Zum Wein empfiehlt sich auch eine Käseplatte, auf der Ziegenkäse nicht fehlen darf. Üblich ist es, ein gutes Menü mit einem »Café«, einem kleinen schwarzen Espresso abzurunden.

Camping in Frankreich

Mit dem Wohnmobil (frz. Camping-car) ist man in Frankreich bestens unterwegs. Damit der Urlaub reibungslos verläuft, sollte man jedoch einige Hinweise beachten.

Generell stößt der Reisende in Frankreich auf ein flächendeckendes Netz von Campingplätzen. Immerhin stehen rund 11 000 Campinganlagen zur Auswahl. Die Zahl der Stellplätze für Reisemobile nimmt stetig zu.

Das Angebot an Campingplätzen reicht von den einfachen Anlagen auf dem Bauernhof (Camping à la Ferme) bis hin zum luxuriösen Campingplatz. Hierbei spiegelt sich der Standard und die Ausstattung in der Regel im Preis wider. Die Campingplätze sind überwiegend gut ausgeschildert und werden durch Sterne klassifiziert (max. 4 Sterne). Bei den meisten Campingplätzen muss man in der Vor- oder Nachsaison mit einem eingeschränkten Angebot rechnen und so können der Pool oder der Supermarkt nicht geöffnet sein. Größere Campingplätze verfügen vielfach über einen Sicherheitsdienst. Die Preise auf den Campinganlagen liegen über dem

europäischen Durchschnitt. Hohe Preise zahlt man überwiegend in der Hauptsaison auf Campingplätzen mit gehobener Ausstattung und reizvoller Lage (z.B. an der Küste) in ausgesprochenen Touristenregionen. Hier empfiehlt sich auch eine frühzeitige Buchung oder zumindest ein Einchecken am frühen Nachmittag.

Während das Andocken mit dem herkömmlichen CEE-Stecker an das Stromnetz auf den meisten Campingplätzen unproblematisch ist, sorgen leere Gasflaschen für Probleme, denn die deutschen Gasflaschen werden nicht getauscht und können nicht befüllt werden. Es empfiehlt sich daher, mit vollen Gasflaschen die Reise anzutreten. Geht das Gas aus, müssen die landesüblichen Flaschen (evtl. ist ein Adapter notwendig) gekauft werden. Die Quittung sollte man aufbewahren, damit man das Pfand zurückerhält.

Auch auf Bauernhöfen findet man Stellplätze.

Rechte Seite oben: Park- und Übernachtungszone für Wohnmobile.

Rechte Seite unten: Durchfahrt für Reisemobile verboten.

Zu einer lohnenswerten Unterkunftsvariante gehört neben dem kostengünstigen Camping auf dem Bauernhof (Camping à la Ferme) auch »France Passion«. Hierbei bieten mehr als 1300 Handwerksbetriebe, Bauernhöfe und Weingüter seit 1993 kostenlos und unbürokratisch ihre Stellplätze für Wohnmobile an. Gegen eine geringe Gebühr erhält man ein Stellplatzverzeichnis, eine Übersichtskarte und eine Vignette für die Windschutzscheibe, die für ein Jahr (März bis Ostern) gültig ist. Vertrieben wird das France-Passion-Paket durch Reisemobil International (DoldeMedien), Postwiesenstraße 5A, D-70327 Stuttgart, Fax 0711-134 66 38, www.reisemobil-international.de. Weitere Infos auch unter www.france-passion.com.

Ein letzter Hinweis, der für erfahrene Camper selbstverständlich ist. Für die Übernachtung sollten die entsprechenden Camping- und Stellplätze genutzt werden. Camping außerhalb dieser Einrichtungen ist nur mit behördlicher Genehmigung erlaubt (Wildcamping verboten!). Das Übernachten auf öffentlichen Parkplätzen ist ebenfalls verboten. Lediglich eine gesonderte Beschilderung kann das Verbot aufheben. Um Überfällen vorzubeugen, sollte man das bestehende Übernachtungsangebot nutzen. Ratsam ist es auch, die Wertsachen mitzuführen und das Fahrzeug gut gesichert zurückzulassen. Ein Einbruch trübt schnell die Stimmung eines ausgelassenen Urlaubs im Norden Frankreichs. Gute Reise – Bon voyage!

Die richtige Literatur an Bord

Einen hilfreichen Reiseführer halten Sie in Ihren Händen. Er kann natürlich nicht in allen Fragen die passende Antwort liefern und soll vorrangig dem Reisemobilisten schöne Routen nahebringen. Es lohnt sich, abhängig von der Reiseregion noch einen weiteren Reiseführer zu kaufen.

Für die Reise durch das Tal der Loire empfiehlt sich der »grüne Reiseführer« von Michelin. Die deutsche Ausgabe mit 432 Seiten ist bei der Travel House Media GmbH, München erschienen (ISBN 978-3-8342-8979-7). Das Buch mit dem Titel »Schlösser an der Loire« stellt nicht nur die Prachtbauten, sondern auch die schönen Städte vor. Der Verlag führt auch den Merian-live Reiseführer »Nordfrankreich« (Nord-Pas de Calais, Picardie, ISBN 978-3-8342-9529-3).

Über die Bretagne informiert der umfangreiche Reiseführer »Bretagne« aus dem Michael Müller Verlag (ISBN 978-3-89953-275-3). Im gleichen Verlag und in bewährter Qualität ist das Buch »Elsass« erschienen (ISBN 978-3-89953-252-X).

Im kompakten Reiseführer »Normandie« (MairDumont, ISBN 978-3-7701-6393-9) erfährt der Reisende auf 240 Seiten viel Wissenswertes über Land und Leute.

Karten und Atlas

Wer in Frankreich unterwegs ist, sollte auf jeden Fall aktuelle Karten haben, da 2007 in vielen Regionen die Straßen umbenannt wurden. Ein Navigationsgerät ist stets eine sinnvolle Ergänzung, allerdings hilft die Karte immer besser bei der Orientierung. Statt zahlreicher Karten lohnt sich die Anschaffung des Michelin-Atlas, der als Spiral- und Buchbindung sowie in verschiedenen Größen erhältlich ist. Die Karten haben einen Maßstab von 1:200 000. Hierbei entspricht 1 Zentimeter auf der Karte 2 Kilometern im Gelände. Erhältlich ist der hilfreiche Michelin-Atlas in Buchhandlungen oder an (grenznahen) Tankstellen sowie an vielen Verkaufsstellen in Frankreich (große Warenhäuser, Tankstellen, Buchhandlungen).

Camping- und Stellplatzführer

Über die Campingplätze informiert in erster Linie der ADAC-Campingführer Südeuropa, der jedes Jahr aktuell erscheint. Die Stellplätze sind in dem ebenfalls alljährlich erscheinenden BORD-Atlas (Dolde Medien) zu finden. In französischer Sprache ist das umfangreichste Werk zum Thema Camping- und Stellplätze erschienen. Der »Guide Officiel – Aire de Service Camping-car« erscheint jährlich und listet nahezu alle Stellplätze und Versorgungsstationen auf. In Frankreich erhält man den rund 400 Seiten starken Führer in Campingzubehörläden und teilweise bei den Rezeptionen der Campingplätze. Sicherlich hilft bei der Bestellung auch die heimische Buchhandlung weiter (ISBN 978-2-902417-82-7, Motor Presse France).

Die Sprache

In den vorgestellten Reiseregionen wird überwiegend Französisch gesprochen. In der Bretagne sprechen rund 250 000 Menschen Bretonisch, eine eigenständige Sprache und im Elsass wird vielfach Deutsch gesprochen. In den Touristenzentren kann man sich teilweise Englisch und Deutsch verständigen. Eine schöne und selbstverständliche Geste sollte es stets für den Reisenden sein, einige Wörter der französischen Sprache zu kennen.

Das Wichtigste
Ich spreche kein Französisch. – Je ne parle pas français.
Sprechen Sie Deutsch/Englisch? – Parlez-vous allemand/anglais?
Ja – Oui

Mit einigen französischen Wörtern ist man in Frankreich gut unterwegs (Küste der Halbinsel Quiberon).

Nein – Non
Danke – Merci
Gern geschehen – De rien
Entschuldigen Sie! – Excusez-moi!
Guten Tag! – Bonjour!
Guten Abend! – Bonsoir!
Hallo! – Salut!
Auf Wiedersehen! – Au revoir!
Tschüs! – Salut!
Ich heiße … – Je m'appelle …

Hilfreiche Fragen

Können Sie mir helfen? – Vous pouvez m'aider?
Haben Sie …? – Avez vous …?
Wie viel kostet es? – Ça fait combien?
Wie viel Uhr ist es? – Quelle heure est-il?
Was ist das? – Qu'est-ce que c'est ?
Wo ist …? – Où est …?

Wochentage

Montag – lundi
Dienstag – mardi
Mittwoch – mercredi
Donnerstag – jeudi
Freitag – vendredi
Samstag – samedi
Sonntag – dimanche

Zahlen

0 – zéro
1 – un, une
2 – deux
3 – trois
4 – quatre
5 – cinq
6 – six
7 – sept
8 – huit
9 – neuf
10 – dix
11 – onze
12 – douze
13 – treize
14 – quatorze
15 – quinze
16 – seize

17 – dix-sept
18 – dix-huit
19 – dix-neuf
20 – vingt
21 – vingt et un, une
22 – vingt-deux
30 – trente
40 – quarante
50 – cinquante
60 – soixante
70 – soixante-dix
80 – quatre-vingts
90 – quatre-vingts-dix
100 – cent
101 – cent et un
200 – deux cents
300 – trois cents
1000 – mille
2000 – deux mille
10 000 – dix mille
½ – un demi
¼ – un quart

Straßenverkehr und Reise
Achtung! – Attention!
Polizei – police
Krankenwagen – ambulance
Unfall – accident
Tankstelle – station d'essence
Diesel – gazole
Werkstatt – garage
Halteverbot – interdiction de stationner
Ich habe eine Panne! – Je suis en panne!
Umleitung - déviation
Funktioniert nicht – ne marche pas
Toilette – W.C.
Fremdenverkehrsamt – office de tourisme
Stadtplan – plan de ville
Zentrum – centre
Markt – marché
Rathaus – hôtel de ville
Schloss - château
Fahrkarte – ticket
Campingplatz – camping
Wohnmobil – camping-car

An der Loire kann man auch reizvolle Touren mit dem Rad unternehmen.

Getränke und Speisen

Getränke
Apéritif – Aperitif
Bière (pression) – Bier (vom Fass)
Bière sans alcool – alkoholfreies Bier
Calvados – Apfelschnaps
Cidre – Apfelwein
Couchen – alkoholisches Honiggetränk
Eau minérale – Mineralwasser
Eau de vie – Schnaps
Jus des fruits – Fruchtsaft
Jus d'orange - Orangensaft
Vin en pichet – Karaffe Wein
Vin blanc – Weißwein
Vin rosé – Roséwein
Vin rouge – Rotwein

Speisen
Frühstück
Beurre – Butter
Café au lait – Kaffee mit Milch
Charcuterie – Aufschnitt
Chocolat – Kakao
Confiture – Konfitüre
Croissant – Hörnchen
Fromage – Käse
Fruits – Obst
Jambon – Schinken
Miel – Honig
Pain – Brot
Petits Pains – Brötchen
Yaourt – Joghurt

Vorspeisen
Bouillabaisse – scharfe Fischsuppe
Crudités – Rohkost
Escargots – Schnecken
Jambon – Schinken
Pâtes – Pasta
Pâté – Pastete
Salade – Salat
Soupe – Suppe

Fischgerichte
Anchois – Anchovis
Cabillaud – Kabeljau
Calmar frit – gebratener Tintenfisch
Carpe – Karpfen
Gambas – Garnelen

Freunden schenkt man im Elsass einen Gugelhupf.

Homard – Hummer
Lotte – Seeteufel
Maquereau – Makrele
Marmite dippois – Fischeintopf
Morue – Stockfisch
Moules – Muscheln
Perche – Barsch
Sandre – Zander
Saumon – Lachs
Sole – Seezunge
Thon – Thunfisch
Turbot – Steinbutt

Fleisch- und Geflügel
Agneau – Hammel
Bifteck – Steak
Bœuf – Rind
Canard – Ente
Chevreuill – Reh
Coq – Hahn
Dinde – Truthahn
Entrécôte – Rippenstück vom Rind
Escalope – Schnitzel
Faisan – Fasan
Foie – Leber
Gibier – Wild
Grillades – Grillplatte
haché – gehackt
Hachis – Hackfleisch, Gehacktes
Lapin – Kaninchen
Lièvre – Hase
Pintade – Perlhuhn
Porc – Schwein
Poulet – Huhn
Poulet rôti – Brathähnchen

Nachspeise
Camembert – Weichkäse
Crêpe – dünner Pfannkuchen
Far bretone – puddingartiger Backpflaumen-kuchen
Glace – Eis
Flan – Karamelpudding
Gâteau – Kuchen
Mousse au chocolat – Schokoladencreme
Sorbet – halb gefrorene Fruchtsaftspeise
Tarte aux pommes – Apfelkuchen

Guter Wein und schmackhafter Käse sorgen in der Heimat für schöne Urlaubserinnerungen.

Cambrai in der Region Nord-Pas-de-Calais ist eine authentische Stadt.

» DIE ROUTEN

1 KOHLE, KUNST, KULTUR UND KÜSTE

Eine alte Region neu entdecken

Start- und Endpunkt: Valenciennes und Lille **Strecken:** A2/E19, D643, D939, D940, D191, A16, D916, D110, D916, D928, D211, D642, D916, D642, A25 **Beste Jahreszeit:** April bis Oktober **Zeitraum:** 7–14 Tage **Streckenlänge:** 500–550 km

Die Region Nord-Pas-de-Calais setzt sich zusammen aus den Départements Nord und Pas-de-Calais und ist die nördlichste Region Frankreichs. Sie steht im Schatten vieler beliebter Reiseregionen, stellt jedoch einen Geheimtipp dar, bei dem man auf Kultur, reizvolle Landschaften, hochrangige Attraktionen und gute Stell- und Campingplätze nicht verzichten muss. Nord-Pas-de-Calais hat viele Gesichter. Auf der Rundreise erfährt man viel über den einst bedeutsamen Bergbau, besucht interessante Städte wie die frühere Kulturhauptstadt Lille und entspannt an den Stränden der landschaftlich grandiosen Opalküste. Kurze Etappen lassen viel Zeit für das Schlendern in schönen Altstädten, den Besuch in einzigartigen Museen und andere Aktivitäten.

Dünenlandschaft bei Le Touquet-Paris-Plage.

Start

Valenciennes
Musée des Beaux-Arts

A2

35 km

Cambrai
Église Saint-Géry

Die abwechslungsreiche Route führt zunächst durch das Département Nord. Mit rund 2,6 Millionen Bürgern ist es das bevölkerungsreichste Département und mit umgerechnet 325 Einwohnern auf einem Quadratkilometer (Landesdurchschnitt 111 Einw./km^2) liegt es bei der Bevölkerungsdichte nach der Île-de-France auf dem zweiten Platz. Anders als man es vielleicht von den Zahlen erwarten würde, fährt der Reisemobilist nicht durch einen Ballungsraum, sondern erlebt auch dünn besiedelte Landstriche, in denen die Landwirtschaft dank fruchtbarer Böden eine wesentliche Rolle spielt. Die Region rückte im Jahr 2008 durch den Kinofilm »Willkommen bei den Sch'tis«, dem erfolgreichsten französischen Film aller Zeiten, auf eine sehr humorvolle Weise in das öffentliche Interesse.

Nach einer zügigen Fahrt über die beleuchtete belgische Autobahn A2/E19 gelangt der Wohnmobilreisende in die erste französische Stadt dieser Rundreise – nach Valenciennes. Rund 80 000 Menschen wohnen in dieser Dienstleistungsmetropole. Nach verheerenden Bombenangriffen im Zweiten Weltkrieg wurde das schmucke Holzstädtchen zu einem Großteil zerstört. Sie war einst das Zentrum des Kohlereviers und bietet dem Stadtbesucher neben guten Einkaufsmöglichkeiten einige Attraktionen wie die Basilika oder das sehenswerte Kunstmuseum »Musée des Beaux-Arts«.

Wer auf der Autobahn A2/E19 bleibt und Valenciennes »links liegen lässt«, sollte es nach rund 35 Kilometern nicht versäumen, der schönen Stadt Cambrai einen Besuch abzustatten. Mit dem kompakten Campingbus kann man am großen Platz in der Innenstadt parken und Fahrer mit größeren Wohnmobilen sollten sich rund um die Altstadt einen Parkplatz suchen oder sich direkt auf dem Campingplatz »Aire du Camping Municipal« niederlassen.

Cambrai

Der große Platz »Place Aristide Briand« markiert den Mittelpunkt der sehenswerten Stadt. Hier sollte man sich ein Plätzchen in einem der vielen Straßencafés sichern und sich eingehender mit Cambrai befassen. Die Geschichte reicht bis in die Römerzeit zurück und über die Stadtgrenzen hinaus wurde das Städtchen durch die Produktion von feinen Baumwollstoffen, dem Kambrik, bekannt. Cambrai gehört zu den ältesten Städten der Region und verfügt über eine Vielzahl sehenswerter Bauwerke in flämischer und spanischer Architektur. Während man gemütlich im Straßencafé seinen vielleicht ersten französischen Café genießt, sorgen die vielen Parkplatz suchenden Autofahrer für monotone Hintergrundgeräusche, die zur vollen Stunde übertönt werden. Dann schlagen die beiden Figuren Martin und Martine die Glocken im Rathausturm. Im 14. Jahrhundert sollen die beiden einen Feudalherren erschlagen haben. Das imposante Rathaus wurde im Ersten Weltkrieg zerstört und musste neu aufgebaut werden. Über die Straße Avenue de la Victoire geht es leicht bergab und nach wenigen hundert Metern erreicht man die reizvolle Kathedrale Notre Dame. Die einstige Abteikirche wurde im 18. Jahrhundert mehrfach umgebaut und erst 1876 konnte der Turm vollendet werden. Die Fassade und das Hauptportal beeindrucken durch ihre filigranen Arbeiten und im Inneren ist der Besucher begeistert von den Grisaille-Fenstern, bei denen die Farben Weiß, Schwarz und Grau zum Tragen kommen. Geht man die Straße weiter bergab, so stößt man auf das alte Stadttor »Porte de Paris« und vor der Kathedrale kann man sich bei der Touristeninformation gute Tipps aus erster Hand besorgen. Vielleicht besucht man dann anschließend die sehenswerte Kirche »Église Saint-Géry«, deren 76 Meter hoher Kirchturm zu den markanten Türmen der Stadt gehört. Kunstliebhaber werden in dem Museum der schönen Künste (Musée des Beaux-Arts) auf ihre Kosten kommen. Neben der interessanten Innenarchitektur ziehen auch die Skulpturen aus dem 17. bis 20. Jahrhundert und die Gemälde der niederländischen Künstler die Blicke auf sich. Wer zu Beginn des Urlaubs die Reisekasse schonen möchte, sollte es bei einem Schaufensterbummel belassen, ansonsten laden zahlreiche Geschäfte zum Stöbern und Einkaufen ein.

Martin und Martine schlagen am Glockenturm des Rathauses von Cambrai die Glocke.

Obwohl die Route in nordwestliche Richtung fortgesetzt wird, sollten Kunstliebhaber einen Abstecher in östliche Richtung machen (Stellplatz bei Caullery, südlich von Caudry). Nach 22 km erreicht der Reisemobilist über die Landstraße D643 den Ort Le Cateau-Cambrésis (Campingplatz), in dem das Matisse Museum zu den Highlights der Region gehört. Henri Matisse wurde 1869 in Le Cateau-Cambrésis geboren, zog im Alter von 22 Jahren nach Paris und prägte entscheidend die Kunst des 20. Jahrhunderts. Wie kaum ein anderer Künstler prägte er den Fauvismus. Fauvismus? Hierbei wurde bei der Darstellung von Körpern auf die Hell- und Dunkelschattierung verzichtet und die Farben wurden generell betont. 1952 wurde das Museum von Matisse selber eingerichtet und 2002 umfangreich modernisiert (www.cg59.fr/matisse).

Von Cambrai setzt man seine Fahrt in nordwestliche Richtung über die gut ausgebaute Landstraße D643 in Richtung Douai fort. Von der Straße blickt man weit über das Agrarland. Auf halber Strecke geht es links zum kleinen Örtchen Brunémont. Obwohl hier ein guter Campingplatz und ein See die Touristen anziehen, glaubt man beim abendlichen Spaziergang, dass der kleine Ort bisher vom Fremdenverkehr noch nicht entdeckt wurde. Wesentlich lebendiger geht es in Douai zu. Der große Parkplatz »Place du Barlet«, östlich der Altstadt bietet sich zum Parken an.

Douai

Wer heute der reizvollen Stadt einen Besuch abstattet, wird ihre wechselvolle Geschichte nicht auf Anhieb erkennen. Die Stadt wurde auf den Resten einer römischen Festung errichtet. Im 14. Jahrhundert war Douai ein Teil von Flandern, danach gehörte die Stadt zu Burgund und später zu den Niederlanden. Seit dem Jahr 1672 können die Bewohner sich allerdings Franzosen nennen. Der Stadtrundgang sollte am baulichen Highlight der Stadt beginnen, dem Uhrenturm. Dieser »Beffroi« gehört zu den schönsten seiner Art, die in der Region häufig anzutreffen sind. Das Glockenspiel kann man nicht nur hören, sondern auch sehen. Dazu muss man jedoch 196 Treppenstufen meistern und ist dann begeistert von den 62 Glocken, von denen die schwerste beachtliche 5,5 Tonnen wiegt. Nach dem Blick auf das größte Glockenspiel in Europa sollte man den Blick von dem 1390 errichteten Turm auf die Stadt genießen. Den markanten 62 Meter hohen Turm verliert man schnell aus dem Auge, wenn man durch die schönen Gassen schlendert und weitere Attraktionen wie die schöne Kirche Saint Pierre ansteuert. Erst an dem lebendigen und kunstvoll geschaffenen Platz »Robert Schumann« blickt man wieder auf den prächtigen Uhrenturm. Hier ist man umgeben von schönen Brunnen mit Wasserspielen und findet auch die Stadtinformation. Wer sich dort nach einer touristischen Attraktion erkundet, wird sicherlich zum Bergbaumuseum nach Lewarde geschickt (siehe Kasten S. 32).

Der Beschilderung »Centre Minier« folgend, sind es nur wenige Kilometer nach Osten, vorbei an alten Bergmannshäusern zum historischen Bergbauzentrum. Am Museum stehen ausreichend große Parkplätze zur Verfügung. Hier sollte man sich Zeit lassen, denn aus erster Hand erfährt man viel über den einstigen für die Region so wichtigen und prägenden Kohleabbau. Dieses anschauliche Museum hält auf abenteuerliche Weise die lange Vergangenheit für zukünftige Generationen lebendig.

In Douai locken zahlreiche Geschäfte.

Mit einem leichten Dröhnen im Ohr geht es zurück nach Douai und über die Landstraße D939 nach Arras. Wer es nach den bisherigen Stadtrundgängen in Erwägung zieht, auf den Stadtbesuch von Arras zu verzichten, wird es bereuen, denn Arras gehört nicht nur zu den attraktivsten Städten der Region, sondern zu den schönsten Städten im Land.

Arras

Das Herz der überaus sehenswerten Stadt schlägt rund um den »Grande Place«, der seinem Namen alle Ehre macht. Hier findet sogar so manches Wohnmobil vor den historischen Häuserzeilen eine Parklücke. Über eine kurze Verbindungsstraße ist der große Platz mit dem Heldenplatz »Place des Héros« verbunden. Hier befindet sich das imposante spätgotische Rathaus »Hôtel de Ville«, das auch die Stadtinformation beherbergt. Hier sollte man sich eingehend über die äußerst

Cambrai
Église Saint-Géry

22 km

643 ↔ Le Cateau-Cambrésis
Matisse Museum

26 km

Douai
Uhrenturm »Beffroi«
Saint Pierre

7 km
↔ Lewarde
Bergbaumuseum

939 35 km

Arras
Kunstmuseum
939 Altstadt

» SPECIAL

Bergbaumuseum in Lewarde (Centre Historique Minier)

Ein ohrenbetäubender Lärm lässt jedes Gespräch der beeindruckten Besucher sofort verstummen, denn der Gästeführer hat durch einen leichten Knopfdruck den Pressluftbohrer in Betrieb gesetzt. Dieser bohrte sich immer weiter in den Flöz vor und half auf mechanische Weise beim Abbau der Kohle. Eine Zeitreise entführt die Besucher in das harte und stets gefährliche Leben unter Tage. Eindrucksvoll ist die geführte Entdeckungsreise im einstigen Bergbauzentrum, in dem zu Beginn des 18. Jahrhunderts Kohle erstmalig abgebaut wurde und am 21. Dezember 1990 die Kumpel ihre Bergmannskleidung zum letzten Mal an den Harken hingen. In den großen Umkleide- und Duschräumen hängt die Schutzkleidung noch an den Seilen von der Decke, als wäre gerade die Frühschicht zu Ende gegangen. Dabei strömen heute nicht die Kumpel nach Lewarde, sondern unzählige Touristen, um ein kleines Stück mit der Bergwerksbahn zu fahren, sich in dem Museum die interessanten Ausstellungen anzusehen und natürlich den Geschichten früherer Bergmänner zu lauschen. Es ist ein tolles Museum für jede Generation und darüber hinaus auch noch Weltkulturerbe der UNESCO (www.chm-lewarde.com). Beachtliche 2 Milliarden Tonnen Kohle sind in diesem Bergbaugebiet zu Tage gefördert worden und die Kohle hat, wie im deutschen Ruhrgebiet, den Alltag und das Leben bestimmt. Auch in dieser Region ist der längst begonnene Strukturwandel noch nicht abgeschlossen.

Das Bergbaumuseum in Lewarde ist eine Attraktion für Jung und Alt.

sehenswerte Stadt informieren oder sich einer Stadtführung anschließen. Dann erfährt man, dass sich bereits die Römer hier niederließen und Arras die Hauptstadt des Départements Pas-de-Calais ist. Wahrzeichen und unumstrittene Highlights sind die beiden pulsierenden Plätze, die immerhin von 155 mehrstöckigen, prächtigen Häusern im flämischen Stil eingerahmt werden. Die schönen Häuser verfügen über herrliche Laubengänge mit einem Tonnengewölbe. Sie gehören zu den schönsten Häuserensembles, auf die man in Frankreich blicken kann. Wer sich nicht sattsehen kann, nimmt Platz in einem der einladenden Straßencafés. Danach sollte man sich den vielen weiteren Attraktionen widmen, wie die nahe gelegene Kathedrale. Die französische Revolution ließ die Bauarbeiten immer wieder ins Stocken geraten und so konnte das imposante Gotteshaus erst 1833 vollendet werden. Im Inneren besticht das neoklassizistische Bauwerk durch seine Größe und die weiße Ausgestaltung. Nebenan befindet sich die frühere Abtei Saint-Vaast. Das Bauwerk wurde im 18. Jahrhundert mehrfach umgebaut. Hier werden die Reliquien des ersten Bischofs von Arras verehrt. Darüber hinaus beherbergt das

» TIPP

Es macht Spaß, über die Plätze und durch die Straßen Arras zu gehen und auf die vielen prachtvollen Bauwerke zu blicken. Wer jedoch einen besonderen Ausblick sucht, wird von der Aussicht vom Uhrenturm »Beffroi« begeistert sein. Das 1914 vollständig zerstörte und anschließend wiederaufgebaute Rathaus lockt mit der Touristeninformation und dem hohen Turm. Nach der Auffahrt mit dem Aufzug muss noch eine Wendeltreppe gemeistert werden und dann kann man den Blick über die Dächer von Arrras schweifen lassen. Anschließend geht es dann unter das Rathaus, denn es erwartet den Besucher ein unterirdisches Höhlensystem, das seit dem 10. Jahrhundert besteht und im Laufe der vielen Kriege zur Lagerung von Waffen genutzt wurde oder die Bewohner schützte. Heute reifen hier noch Weine. Im Hochsommer bietet die Führung auch eine angenehme Kühle.

Gebäude das Kunstmuseum »Musée des Beaux-Arts« mit sehenswerten Exponaten wie archäologischen Fundstücken, Porzellan, Gemälden, Wandteppichen und dem beachtlichen Domschatz. Wer seinen Stadtbesuch bis in die Abendstunden ausdehnen kann, sollte in Arras bleiben und eines der vielen Restaurants aufsuchen und nach dem Dessert die fantastisch beleuchteten Bauwerke rund um die Plätze auf sich wirken lassen.

Eine vergleichsweise größere Etappe bringt den Reisemobilisten von Arras an die Küste. Über die gut ausgebaute D939 geht es durch Alleen und eine flachwellige Landschaft. Rechts und links der Straße erstrecken sich große Getreidefelder. Teilweise kann hier auf freier Fläche der Seitenwind das Wohnmobil zum leichten Wanken bringen. Die schnurgerade Straße ermöglicht einen seltenen Weitblick. Nach 31 Kilometern passiert man den Ort Saint-Pol-sur-Ternoise und nach 50 Kilometern erreicht man den Montreuil (Campingplatz). Das nette Örtchen gefällt durch malerische Gassen und eine alte Bebauung. Im Sommer lockt es Musicalfreunde, denn am Fuße der Zitadelle wird das Musical »Les Misérables« aufgeführt. Hier schrieb Victor Hugo einige Teile seines weltberühmten Dramas um Jean Valjean und Cosette.

In Montreuil glaubt man die Seeluft schon zu riechen, denn zur Küste sind es lediglich noch 14 Kilometer. Über die D939 geht es zunächst zu dem idyllischen Ort Étaples und über die Brücke, die über den Fluss Canche führt zu dem Badeort Le Touquet-Paris-Plage. In dem Küstenort herrscht eine willkommene Sommerfrische und wenn man erst mal sein Wohnmobil auf dem Stellplatz am Jachthafen abgestellt hat, freut man sich auf den Strandspaziergang. Nach rund 20 Minuten in südlicher Richtung erreicht man das Zentrum des beliebten Touristenortes.

Die Kathedrale von Arras besticht durch ihren hellen Innenraum.

In Le Touquet-Paris-Plage befindet sich ein großer Parkplatz direkt an der Strandpromenade.

Arras
Kunstmuseum
939 *Altstadt*
31 km
Saint-Pol-sur-Ternoise
50 km
Montreuil
939 14 km
Le Touquet-Paris-Plage
Étaples
940
Parc Régional des Caps et Marais d'Opale
30 km
Boulogne-sur-Mer
NAUSICCA
Notre-Dame-de-Boulogne
Château-Musée

Sommerfrische in Le Touquet-Paris-Plage

Der Name Strand von Paris lässt keine Zweifel darüber, dass es sich um ein Fremdenverkehrszentrum handelt. Die breiten Strände an der Opalküste zogen im 19. Jahrhundert die Badegäste an und so entstand auf dem Reißbrett der Urlaubsort, der im Zentrum eine gewisse Idylle vermissen lässt. Restaurants, Geschäfte, Boutiquen, Kneipen und zwei Casinos locken die Gäste vor oder nach dem Strandbesuch. Wer nicht in die salzigen Fluten des Ärmelkanals springen möchte, besucht das große überdachte Erlebnisbad Aqualud zwischen Strand und Promenade. Rund um das Stadtzentrum ist in einem grünen Gürtel eine lockere Bebauung mit zahlreichen Villen entstanden. Finanzkräftige Bürger haben hier ihr Domizil. Nicht weit entfernt liegt der Flughafen, auf dessen Landebahnen keine Linienmaschinen mehr landen, sondern vielmehr einige Privatjets.

» EINKAUFEN

Wer frischen Fisch kaufen möchte, sollte in Le Touquet-Paris-Plage zuschlagen. In der Straße »Rue Saint-Amand«, neben der Post, befindet sich das Fischgeschäft »Poissonnerie Ramet« mit einer riesigen Auswahl. Die Bürger des Städtchens stehen hier oft Schlange und so bleibt genug Zeit, die richtige Wahl zu treffen: Tel. 03 21 05 82 42.

Die weitere Route führt über den Fluss Canche zunächst in den benachbarten Ort Étaples, der wie Le Touquet-Paris-Plage bei den britischen Badegästen hoch im Kurs steht und so dürfen auch hier »Fish'n-Chips-Läden« nicht fehlen. Die D940 führt zunächst leicht bergauf und später durch eine herrliche Dünenlandschaft. Leider kann man nur vereinzelt auf das Meer blicken. Die Straße führt einige Kilometer parallel zur Küste in nördliche Richtung. Hierbei passiert man Campingplätze und fährt durch den Naturpark »Parc Régional des Caps et Marais d'Opale«. Rund 30 Kilometer nach Le Touquet-Paris-Plage erreicht man dann die lebendige Hafenstadt Boulogne-sur-Mer. Wer noch einige Besorgungen erledigen muss, kann südlich der Stadt am leicht erreichbaren Einkaufszentrum einkaufen. Wer danach die interessante Stadt unter die Lupe nehmen möchte, sollte am Hafen am »Bassin Napoléon« in der Nähe des Fähranlegers oder am

Meeresmuseum NAUSICAA pa-ken. Bereits aus der Ferne macht die Stadtsilhouette mit der mächtigen Kuppel der Basilika Notre-Dame neugierig.

Boulogne-sur-Mer

Die rund 45 000 Einwohner zäh ende Hafenstadt gehört zu den wenigen Städten, die alles vereinen, was der Besucher sich wünscht: reizvolle Altstadt, Strände, Trubel am Hafen und ein breites Angebot an Sehenswürdigkeiten und Aktivitäten.

Die Stadt geht zurück auf eine römische Siedlung und im Laufe der Zeit war sie aufgrund der strategisch guten Lage Ausgangspunkt für Invasionen. Im Ersten Weltkrieg hatten die Briten hier ihre Basis und im Zweiten Weltkrieg stationierte die deutsche Marine hier die U-Boote. Rund 85 Prozent der Stadt fielen den Angriffen im Zweiten Weltkrieg zum Opfer. Heute laufen die schnellen Katamaran-Fähren Südengland mit friedlicher Absicht an und zahlreiche Fischtrawler legen hier an. Eine Armada von Segel- und Motorbooten im Sporthafen zeigt, dass hier der Wassersport großgeschrieben wird. Der Hafen befindet sich in der Unterstadt, der

In Boulogne-sur-Mer ist die Altstadt (oben) wie auch der Hafen (unten) einen Besuch wert.

»Ville Basse« und der historische Teil der Stadt in der »Ville Haute«, der Oberstadt. Der Weg dorthin führt vom Hafen über die moderne Brücke über den kanalisierten Fluss La Liana und weiter vorbei an zahlreichen Geschäften bis zur Kirche St.-Nicolas, die von sehenswerten Häusern umgeben ist. Über die Straße Grande Rue geht es dann wenige hundert Meter weiter hinauf zur befestigten Altstadt. Durch das trutzige Stadttor betritt man nun die »Stadt in der Stadt«, wie man »Haute Ville« bezeichnen könnte. Umgeben von hohen Mauern aus dem 13. Jahrhundert schlendert man hier über altes Pflaster und nimmt die zahlreichen alten Bauwerke in Augenschein, so z. B. den Justizpalast und das Rathaus von 1734 »Hôtel de Ville« mit dem alten Uhrenturm. Dieser »Beffroi« aus dem 13. Jahrhundert ist das älteste Bauwerk der Stadt. In den Gassen sitzt man im Schatten und genießt seine Mahlzeit oder seinen Kaffee, bevor man dann zur Kirchenbesichtigung übergeht. Die mächtige Kirche »Basilique Notre-Dame« präsentiert sich mit einer riesigen Kuppel, die auf den ersten Blick an die Kuppel des Petersdoms erinnert. 1866 wurde der Bau vollendet, zum sehenswerten Inventar der Kirche gehört die reichlich verzierte Marienstatue Notre-Dame-de-Boulogne. In der Nähe der Kirche befindet sich das Schlossmuseum »Château-Musée« u. a. mit einer großen Ausstellung mit griechischen und ägyptischen Keramiken sowie archäologischen Sammlungen. Wer Ende Juli bzw. Anfang August die Stadt besucht, kann beim »Fête de Poisson« (Fischfestival) mitfeiern.

» SEHENSWERT

Das Meeresmuseum NAUSICAA wird dem Besucher noch lange in guter Erinnerung bleiben, denn vergleichbare Museen sind in Europa selten. Es ist nicht nur lehrreich, sondern in höchstem Maße sehr unterhaltsam, insbesondere wenn die Seelöwen ihre Akrobatik vorführen. Pures Entertainment herrscht auch im 3-D-Kino und für viel Freude sorgt auch das große offene Fischbecken, in dem man die Fische streicheln kann. Zahlreich sind die Becken mit Fischen der Weltmeere, so ziehen Respekt einflößende Haie direkt vor dem Besucher ihre Bahnen. In einigen Ausstellungen wird dem Besucher auch unmissverständliche klargemacht, wie wichtig es ist, den Lebensraum Wasser zu schützen. Insgesamt stellt NAUSICAA ein spannendes Museum mit einer klaren Botschaft dar. Für den Besuch sollte man 3 bis 4 Stunden einplanen (www.nausicaa.fr). Direkt neben dem Museumskomplex kann man am Strand relaxen oder seine Geschicklichkeit beim Strandsegeln auf die Probe stellen.

Im NASICAA zeigen Seelöwen ihr Können.

Nach den vielen Einblicken in das Wasser folgt auf der weiteren Route der Blick über das Wasser, denn die landschaftlich reizvolle Strecke führt überwiegend an der Opalküste entlang. Über die Straße D940 verlässt der Reisemobilist die Hafenstadt Boulogne-sur-Mer und hält nach der folgenden Stadt Wimereux den Atem an, denn der erhabene Ausblick über das Meer ist fantastisch. Der tolle Routenabschnitt führt durch eine Dünenlandschaft und im kleinen Ort Audresselles sollte man auf jeden Fall eine Pause auf dem kleinen Parkplatz links der Straße einlegen, schließlich hat man nur selten die Gelegenheit in Meeresnähe zu parken. Nun sind es nur noch wenige Kilometer zum markanten Cap Gris-Nez, das zu den landschaftlichen Höhepunkten an der Opalküste gehört. Hierbei fährt man 3 Kilometer hinter Audresselles links auf die kleine Straße D191 ab und steuert nach nur wenigen Kilometern direkt das Kap an oder biegt vorher rechts ab und fährt hinunter bis zum Meer. Die Sackgasse mit Parkmöglichkeiten endet dann am Meer bzw. an einem Ausflugslokal. Das Cap Gris-Nez hat eine Höhe von 45 Metern über dem Meeresspiegel und erlaubt Wanderungen in einer rauen Umgebung. Vom Cap Gris-Nez geht es zurück wieder über die D191 und dann weiter über die D940. Man fährt durch den kleinen Ort Audinghen mit einem schmucklosen aus Beton gegossenen Glockenturm, auf dem der Wetterhahn die Windrichtung anzeigt. Über die kurvenreiche und hügelige Strecke sind es nur 15 Kilometer bis zum Cap Blanc-Nez, dem großen Bruder des kleineren Cap Gris-Nez. Beide erlebenswerten Kaps oberhalb der wildromantischen Steilküste gehören zu den »Grands Sites de France«, den touristischen Attraktionen des Landes und finden sich in einer prominenten Liste mit Highlights wie dem Le Mont-St.-Michel oder der Wanderdüne »Dune du Pilat« wieder. Daher gehört ein Spaziergang hinauf zum Kap im wahrsten Sinne des Wortes zum Höhepunkt der Reise. Aus einer Höhe von 150 Metern blickt man auf die malerische Opalküste und über den viel befahrenen Ärmelkanal nach England. Bei guter Sicht sind die weißen Kreideklippen von Dover zu sehen und weiße Punkte auf dem azurblauen Wasser lassen sich später als Fähren ausmachen. Wer nach der Wanderung noch ausreichend Energie hat, sollte bei Ebbe einen Spaziergang unterhalb der Kreidefelsen machen. Der Sandstrand ist dann sehr breit und insbesondere am Abend, wenn die Sonne tief im Westen steht, sind die teils lotrecht stehenden Felsen

Die Opalküste ist der landschaftlich schönste Teil in der Region Nord-Pas-de-Calais.

Boulogne-sur-Mer
NAUSICCA
Notre-Dame-de-Boulogne
Château-Musée
940 7,5 km
Wimereux
7 km
Audresselles
191 3 km
Cap Gris-Nez

Bei frischem Wind sind die Strände einsam.

Cap Gris-Nez
Audinghen
940 15 km
↔ Cap Blanc-Nez
4 km
Sangatte
Eurotunnel
8 km
Calais
Bürger von Calais
Kunstmuseum

von sanftem Licht angestrahlt. Der malerische und friedvolle Anblick täuscht schnell darüber hinweg, dass durch die kräftige Abrasion im Jahrhundert rund 25 Meter Küste in das Meer gespült werden.

Begeistert steht heute der Reisende am Strand und genießt die Sommerfrische und die grandiose Landschaft. Vor ihm waren bereits Maler wie Camille Corot oder der Schriftsteller Victor Hugo von dem Küstenstreifen begeistert. Der Maler Édouard Léveque gab dem spektakulären Küstenabschnitt aufgrund der opalähnlichen Farbe bereits vor rund 100 Jahren den Namen »Côte d'Opale«. Heute ist die Opalküste zwischen Le Touquet-Paris-Plage und Calais ein wahres Juwel unter den Landschaften im Norden des Landes – leider stören einige deutsche Bunker das Landschaftsbild.

Nur wenige Kilometer nördlich fährt man auf der D940 vor dem kleinen Örtchen Sangatte über ein hier unsichtbares technisches Meisterwerk, den Eurotunnel (Tunnel sous la Manche). Hier pendeln zwischen England und Frankreich weit unterhalb der Meeresoberfläche die Autozüge durch große Röhren. Wer jedoch glaubt, durch den 1994 eröffneten Eurotunnel wurde der Fährverkehr zwischen Calais und Dover entlastet, wird spätestens auf dem reizvoll gelegenen Wohnmobil-Stellplatz am Hafen von Calais eines Besseren belehrt. Bevor man jedoch in der lebendigen Hafenstadt diesen empfehlenswerten Stellplatz anfährt, sollte man sich wenige Kilometer südlich von Calais in dem großen Shoppingcentre »Marques Avenue« umschauen.

» EINKAUFEN

Der umfassende Outlet-Centre »Marques Avenue« bietet 80 große Marken unter einem Dach. Schuhe, Sportartikel, Textilien und Miederwaren etc. namhafter Hersteller können hier zu günstigen Preisen gekauft werden. Parken ist für Wohnmobile rund um das Gebäude möglich (www.marquesavenue.com). Nebenan befindet sich mit der »Cité Europe« der nächste Konsumtempel. Hierher strömen u. a. die britischen Gäste, um wesentlich preisgünstiger als in England einzukaufen.

Calais – geschäftige Fährstadt

Wer die Hafenstadt Calais (105 000 Einw.) noch nicht gesehen hat, macht aufgrund ihres Images gerne einen Bogen oder steuert auf dem Weg nach England direkt den Fährhafen an. Rund 18 Millionen Passagiere legen alljährlich in Calais an oder ab und für die Briten stellt die Stadt das Tor zum europäischen Festland dar. In rund einer Stunde erreicht der Fährpassagier das gegenüberliegende Land (36 km nach Dover). Bei einem Stadtbesuch locken einige interessante Bauwerke. Aufgrund der Zerstörungen im Zweiten Weltkrieg ist die Zahl der historischen Gebäude gering. Sehenswert ist das große Rathaus, das im flämischen Renaissancestil 1922 fertiggestellt wurde. Vor dem Bau sollte man sich das Bronzedenkmal »Bürger von Calais« (1895) von Auguste Rodin anschauen. Die sechs Männer boten während der englischen Belagerung im Jahr 1346 ihr Leben an, wenn dadurch Calais verschont bleiben würde. Diese ausdrucksstarke Skulptur, umgeben von einer kleinen Grünanlage vor dem imposanten Rathaus mit dem hohen Uhrenturm ist das schönste Ensemble der Stadt. Einen Besuch wert ist ebenfalls das Kunstmuseum »Musée des Beaux-Arts et de la Dentelle«, in dem sich der Besucher über Kunst, aber auch über die Geschichte der Textilproduktion bis zur Gegenwart informieren kann. Neben dem kulturellen Programm bietet sich Calais auch einfach nur zum Relaxen an. Die breiten Strände liegen direkt in der Nähe von Camping- und Stellplatz.

Mit »schnellen Schritten« geht es zu einer weiteren bedeutenden Hafenstadt und in das Département Nord. Über die mautfreie Autobahn A16 erreicht man bequem die Stadt Dunkerque (Dünkirchen, 35 km), die durch das interessante Hafenmuseum »Musée portuaire« ein lohnenswertes Ziel darstellt. Das im Stadtzentrum gut ausgeschilderte Museum ist in einem alten Tabakspeicher untergebracht. Hier kann man sich anschaulich über die Schifffahrt und die Entwicklung des Hafens von Dunkerque informieren. Im Museum können zahlreiche Schiffsmodelle bewundert und vor dem Museum die festgemachten Schiffe besichtigt werden. Neben der Besichtigung eines Lastkahns und eines Feuerschiffs wird der Rundgang auf dem Dreimaster »Duchesse Anne« von 1901 unvergessen sein (www.museeportuaire.com).

Über die D916 sind es nur 10 Kilometer bis zum kleinen Ort Bergues, in dem der witzige und erfolgreiche Film »Willkommen bei den Sch'tis« gedreht wurde. Außerhalb der mächtigen Stadtmauer sollte man parken und dann über das historische Pflaster schlendern. Grachten, alte Häuserzeilen, die Ruinen der Abtei Saint-Winoc und der idyllische Marktplatz prägen die geschützte Altstadt. Am Markt steht das Rathaus mit dem

Der Outlet-Centre »Marques Avenue« lädt mit günstigen Markenartikeln zum Shopping ein.

Morgens versammeln sich die Angler an den Stränden von Calais.

Fähren aus England laufen in dem Hafen von Calais ein.

Calais
Bürger von Calais
Kunstmuseum
35 km
A16
Dunkerque
Hafenmuseum
916 10 km
Bergues
Ruine Abtei Saint-Winoc
Glockenturm
11 km
↔ Hondschoote
110 *Kirche Saint-Vaast*
916 28 km
928
St-Omer
Kathedrale Notre-Dame
Astronomische Uhr
Musée de l'Hôtel Sandelin
211
642 27 km
916
642

schlanken Stadtturm, der zwar nach der Kriegszerstörung ein schmuckloser Neubau ist, dessen 50 Glocken jedoch weit im Land zu hören sind. Am Markt kann man sich in einer gemütlichen Brasserie noch einmal stärken, bevor man den 6 km langen Rundgang entlang der mächtigen Stadtmauer meistert (www.bergues.com).

Von Bergues lohnt sich ein Abstecher zum 11 km östlich liegenden Ort Hondschoote. Neben einem Wohnmobil-Stellplatz bietet der Ort eine authentische Dorfidylle mit der sehenswerten Kirche Saint-Vaast (16. Jh.), zwei Mühlen und dem alten Rathaus aus dem 16. Jahrhundert. Hondschoote liegt nur einen Steinwurf von der französisch-belgischen Grenze entfernt.

Über die D110 geht es über Bergues auf die D916 und dann auf die D928 durch eine Agrarregion (Bergues nach St-Omer 28 km) bis zur schönen Stadt St-Omer. Der 50 Meter hohe Turm der Kathedrale ist schon von Weitem sichtbar.

St-Omer

Die elegante Stadt St-Omer im Département Pas-de-Calais liegt am Fluss Aa und ist im Krieg von Zerstörungen weitgehend verschont geblieben. So erfreut sich der Stadtbesucher über eine gepflegte Stadt mit einer Vielzahl von sehenswerten Bauwerken. Am zentralen Platz »Place du Maréchal Foch« steht das Rathaus, von hier aus schlendert

» SEHENSWERT

Das historische Schiffshebewerk »L'Ascenseur à Bateaux des Fontinettes«, wenige Kilometer südöstlich von St-Omer in Arques ist ein technisches Meisterwerk. Bis zum Jahr 1967 wurden hier überwiegend kleine Frachtschiffe beachtliche 13 Meter angehoben oder abgesenkt. Es wurde 1887 erbaut und machte den Schiffsverkehr im Canal de Neufosse möglich. Am technischen Denkmal kann man direkt parken und nach Entrichten einer Eintrittsgebühr darf das Schiffshebewerk besichtigt werden.

man durch nette Einkaufsstraßen oder direkt zur Hauptattraktion – der Kathedrale Notre Dame, deren Geschichte bis in das 12. Jahrhundert zurückreicht. Von außen kaum sichtbar ist ihre Größe und so steht man verblüfft in der 100 m langen und 23 m breiten Kirche. Ein Rundgang führt an vielen Kirchenkunstwerken vorbei. Besondere Beachtung findet die Astronomische Uhr mit einem Uhrwerk von 1558. Wer sich an weiteren Kunstwerken erfreuen möchte, strömt in das »Musée de l'Hôtel Sandelin«, das in einem Bürgerhaus aus dem 18. Jahrhundert untergebracht ist. Während hier zahlreiche Kunstwerke zu sehen sind, widmet sich das »Musée Dupuis« dem Thema Vögel. Abschließend sollte man den Tag in einer der vielen Brasserien und Restaurants am Hauptplatz ausklingen lassen.

Die Route wird zunächst über die D211 und weiter über die D642 in östliche Richtung fortgesetzt. Auf der D916 wird die Stadt Hazebrouck nördlich umfahren und erneut gelangt man auf die D642, die den Reisemobilisten auf die Autobahn A25 führt. Nun sind es noch 27 km bis nach Lille, dem Ziel der (fast) Rundreise. Es empfiehlt sich in Lille auf dem Parkplatz »Place Champs de Mars« zu parken. Rund 15 Gehminuten sind es von dort bis in die Altstadt.

Die pulsierende Metropole Lille

Für das Jahr 2004 hatte sich die lebendige Stadt fein rausgeputzt, denn immerhin strömten in diesem Jahr unzählige Menschen in die Europäische Kulturhauptstadt, um an den rund 2500 Aktionen teilzuhaben. Der kulturelle Aufbruch geriet nach diesem Jahr nicht abrupt ins Stocken, sondern zahlreiche kulturelle Veranstaltungen im Rahmen des Programms Lille 3000 prägen auch weiterhin die Großstadt.

In einem großen Halbkreis umgibt die französisch-belgische Grenze das große Stadtgebiet und so ist der flämische Einschlag nicht zu übersehen. In Lille stellen die flämische Lebenskunst und das französische Savoir-vivre eine erfolgreiche Kombination dar. Die Stadt Lille zählt rund 220 000 Einwohner und ist das Herzstück eines Ballungsraums, der ca. 1,2 Millionen Menschen beheimatet. So ist Lille nach Paris, Lyon und Marseille die viertgrößte Agglomeration. In der Altstadt rund um den zentralen Platz »Place du Général de Gaulle« ist von der Hektik der Wirtschaftsmetropole nicht viel zu spüren. Hier sitzt man im Straßencafé, spaziert mit der Einkaufstüte über den Platz, legt am Brunnen eine Pause ein oder nimmt an einer Stadtführung teil. Viele junge Menschen vor historischen Bauwerken zeugen davon, dass Lille eine beliebte Universitätsstadt ist und

Durch die moderne Fassade der Kathedrale von Lille dringt das Licht in das Kircheninnere.

Heineken
CAFÉ de FOY
Brasserie
AL'ETAGE
café RESTAURANT
Häagen-Dazs
NON STOP
11h30 - 23h00
CAFÉ UGO

sogar jeder dritte Bewohner ist hier jünger als 25 Jahre. Das prächtige Häuserensemble am lebendigen Hauptplatz wird bestimmt durch die alte Börse, ein barocker Prunkbau aus dem 17. Jahrhundert mit einer kunstvoll verzierten Fassade. Die Liste der weiteren sehenswerten Prachtbauten ist lang und umfasst auf jeden Fall das »Palais Rihour«, die Oper, die Kirche Saint-Étienne, das Rathaus und das Porte de Paris. Bei einem ausgedehnten Rundgang wird man keine Probleme haben sein Lieblingsgebäude auszumachen. Das Kunstmuseum »Palais des Beaux-Arts« hat ebenfalls ein schmuckes Erscheinungsbild, seine wahren Werte in Form von berühmten Kunstwerke u. a. von Rubens, Picasso oder Goya hängen in vielen Ausstellungsräumen. Diese Adresse ist nach dem Louvre in Paris das zweitwichtigste Kunstmuseum des Landes. Museumsfreunde werden Gefallen am Naturkundemuseum oder dem Geburtshaus von Charles de Gaulle finden. In dem Geburtshaus dreht sich alles um den ehemaligen französischen General und Staatspräsidenten, der in Lille am 22.11.1890 das Licht der Welt erblickte. Das Geburtsjahr ist nur ein Meilenstein der Stadtgeschichte. Erstmalig wurde Lille im Jahr 1066 urkundlich erwähnt. Im Laufe der Geschichte übernahmen Burgund, Habsburg und Spanien die Herrschaft in Lille. Erst seit 1713 ist Lille fran-

» SPEISEN

Bei »Meert« wird man nicht satt, aber an den herrlichen Geschmack und an das unverfälschte Ambiente wird man sich noch lange erinnern. Die Konditorei Meert in der Rue Esquermoise ist die älteste Confiserie in Lille und verwöhnt ihre Kunden seit 1762. Wer hier Platz nimmt, sollte zum Kaffee die berühmten Waffeln mit Madagaskar-Vanille probieren. Der Staatspräsident General de Gaulle verwöhnte sogar seine Staatsgäste mit den Waffeln. Im Verkaufslokal und dem dahinter befindlichen kleinen Café scheint die Zeit stehen geblieben zu sein. Eine Reservierung ist ratsam: Tel. (00 33) 03 20 57 07 44, www.meert.fr.

Linke Seite: Prächtige Häuserfassaden prägen die Altstadt von Lille.

Das Museum der schönen Künste in Lille gehört zu den bedeutenden Kunstmuseen Frankreichs.

Der Place du Général de Gaulle ist der lebendige Mittelpunkt von Lille.

zösisch und in den beiden Weltkriegen besetzten deutsche Truppen die Stadt. Bis zum heutigen Zeitpunkt hat sich die Stadt zu einer modernen und freundlichen Stadt entwickelt. Lille bietet den Bewohnern viel Lebensqualität, beschert den Besuchern eine große Bandbreite an Attraktionen, verfügt über ausgezeichnete Einkaufsmöglichkeiten und eine Vielzahl einladender Restaurants.

Bei der Fülle der Sehenswürdigkeiten lohnt sich der Kauf des »Pass Libre Accès«, mit dem man freien Eintritt zu mehr als 30 Sehenswürdigkeiten hat und darüber hinaus ist man auch mit den öffentlichen Verkehrsmitteln kostenlos unterwegs. Die Karte ist erhältlich für 1, 2 oder 3 Tage. Abschließend sollte noch auf »La Braderie de Lille« hingewiesen werden, dann findet am ersten Wochenende im September ein gigantischer Antiquitäten- und Trödelmarkt statt. Rund 200 km Bürgersteige sind dann durch alte Gegenstände zugestellt. So mancher Urlauber ist schon mit einem echten Schnäppchen nach Hause gefahren. Glücklicherweise haben die Reisemobilisten ausreichend Stauraum für den besonderen Einkauf zur Verfügung. Gleichzeitig wird in den Restaurants das Einheitsgericht Muscheln mit Pommes Frites angeboten. Die Muschelschalen werden dann vor die Tür gekippt und das Esslokal mit dem größten Muschelhaufen wird prämiert.

Rechte Seite: In Calais steht das Reisemobil direkt am Hafen.

» SEHENSWERT

Auf der Tour durch die Region Nord-Pas-de-Calais gab es eine Vielzahl von sakralen Bauwerken zu besichtigen. Zum Schluss sollte man auf jeden Fall die Kathedrale Notre-Dame besichtigen. Sie wurde 1897 fertiggestellt und erhielt 1999 eine neue Fassade. Was von außen wie ein architektonischer Fremdkörper aussieht, verblüfft von innen den Kirchenbesucher. Die rund 30 m hohe Portalwand besteht aus 110 Marmorplatten, die in eine Metallkonstruktion eingelassen sind. Durch die nur 28 mm starken Platten fällt ein sanftes Licht in die Kirche und je nach Sonneneinstrahlung ergibt sich eine orange-rosa Farbe.

» PRAKTISCHE HINWEISE

Touristeninformationen

Arras: Office de Tourisme d'Arras, Hôtel de Ville, Place des héros, 62001 Arras, Tel. 03 21 51 26 95, www.ot-arras.fr

Boulogne-sur-Mer: Office de Tourisme, 24, quai Gambetta, 62203 Boulogne-sur-Mer, Tel. 03 21 10 88 10, www.tourisme-boulognesurmer.com

Calais: Office de Tourisme, 12, Boulevard Clemenceau, 62100 Calais, Tel. 03 21 96 62 40, www.calais-cotedopale.com

Lille: Office de Tourisme, Palais Rihour, 59002 Lille, Tel. 03 59 57 94 00, www.lilletourism.com

Camping- und Stellplätze

Brunémont – Camping Parc de Plein Air de la Sensée
Zwischen Cambrais und Douai befindet sich das kleine Örtchen Brunémont mit dem großen Campingplatz. Alle Plätze sind eben und ein kurzer Fußweg führt in das Dorf. Der Platz liegt direkt am See Sensée: Tel. 03 27 80 91 28.

Beaurainville – Camping Municipal de la Source
Der städtische Campingplatz von Beaurainville, rund 10 km östlich von Montreuil, ist gut ausgestattet und verfügt auch über einen Wohnmobilbereich. Der 3-Sterne-Campingplatz ist ganzjährig geöffnet: Rue des Étangs, Tel. 03 21 90 02 88.

Le Touquet-Paris-Plage – Stellplatz Base Nautique Nord
GPS: 50°32'10"N; 001°35'34"E
Am Jachthafen, rund 1,5 Kilometer nördlich vom Ortszentrum befindet sich der große Stellplatz, der über die Straße »Avenue Jean Ruet« zu erreichen ist. Ebene asphaltierte Stellplätze und Ver- und Entsorgungsmöglichkeit kennzeichnen den kostenpflichtigen Stellplatz (Parkautomat). Ein kurzer Weg führt durch die Dünen zu einem Aussichtspunkt, der einen herrlichen Ausblick über das Delta des Flusses Canche bietet. Tel. 03 21 06 72 72.

Equihen-Plage – Camping Municipal de la Falaise
Der 3-Sterne-Campingplatz liegt nahe des Örtchens Equihen-Plage, wenige Kilometer südlich der Hafenstadt Boulogne-sur-Mer. Der Platz ist nur 150 Meter vom Strand entfernt und für Wohnmobile steht eine Servicestation bereit: Rue Charles Cazin, Tel. 03 21 31 22 61.

Escalles – Camping Côte d'Opale le Blanc-Nez
Der Campingplatz befindet sich in dem kleinen Ort Escalles an der Opalküste. Er ist einfach ausgestattet und ein guter Ausgangspunkt für Entdeckungstouren des schönen Kaps Blanc-Nez: Rue de la Mer, Tel. 03 21 85 27 38.

Calais – Stellplatz Port de Calais
GPS: 50°57'59"N; 001°50'41"E
Der große asphaltierte Stellplatz liegt direkt am Meer neben der Hafeneinfahrt u. a. für Fährschiffe. Im Stadtzentrum sind der Stellplatz und der benachbarte Campingplatz ausgeschildert. Er verfügt über Ver- und Entsorgungsmöglichkeiten. Ein großes Plus ist der große Sandstrand: Tel. 03 21 97 89 79.

Camping Municipal de Calais
Der städtische Campingplatz befindet sich direkt neben dem Stellplatz und bietet somit ebenfalls die Nähe zum Strand. Hier steht der Reisemobilist auf teils geneigten Rasenflächen: Tel. 03 21 97 89 79.

Hondschoote – Stellplatz »Moulin de la Victoire«
GPS: 50°58'33"N; 002°34'51"E
Rund einen Kilometer vom zentralen Platz »Place Charles de Gaulle« befindet sich an der alten Mühle der Stellplatz. Im Stadtzentrum ist er gut ausgeschildert. Er verfügt über Ver- und Entsorgung und ebene asphaltierte Stellplätze: Tel. 03 28 62 53 00.

Houplines (Lille) – Campingplatz »Les Alouettes et L'Image«
Außerhalb des kleinen Ortes Houplines, rund 15 Kilometer westlich von Lille befindet sich der große Campingplatz, der eigentlich aus zwei Campingplätzen besteht. Er hat eine ruhige Lage und ist von Agrarflächen umgeben. Vom 5 km entfernten Bahnhof gelangt man bequem in die einstige europäische Kulturhauptstadt: Rue Brune 140, Tel. 03 20 35 69 42.

2 NORMANDIE: MEHR ALS CIDRE, CAMEMBERT UND CALVADOS

Entlang der grandiosen Küste und durch das idyllische Agrarland zum Le Mont-Saint-Michel

Start- und Endpunkt: Dieppe und Le Mont-Saint-Michel **Strecken:** D75, D68, D925, D940, A131, A29, D513, N13, D572, D972, D971, D973, N175, D43, D75, D275 **Beste Jahreszeit:** April bis Oktober **Zeitraum:** 10–14 Tage **Streckenlänge:** rund 400 km

Ausgangspunkt ist die lebendige Hafenstadt Dieppe. An der grandiosen Alabasterküste stößt der Reisemobilist auf spektakuläre Felsenformationen, einladende Strände, interessante Gärten und freundliche Orte. Nach der geschäftigen Hafenstadt Le Havre geht es über die kolossale Brücke »Pont de Normandie« zur Blumenküste mit einladenden Seebädern, deren schöne Sandstrände einen erholsamen Urlaub bieten. In Bayeux lockt der weltberühmte Wandteppich und durch eine hügelige Agrarlandschaft mit einigen malerischen Städten geht es wieder an der Küste entlang. In der befestigten Altstadt von Granville fühlt man sich um Jahrhunderte zurückversetzt und eine der größten Attraktionen Europas lässt auch nicht mehr lange auf sich warten. Die berühmte Klosterinsel Le Mont-St-Michel ist der krönende Abschluss der Reise durch die Normandie.

Hafen von Dieppe.

Die Route führt durch die landschaftlich reizvolle Normandie, die über eine 600 km lange Küstenlinie verfügt. Diese französische Reiseregion besteht administrativ aus den Regionen der »Haute-Normandie«, als die nördliche Region, die von der Seine durchflossen wird und der südlich anschließenden Region »Basse-Normandie«. Die Normandie ist in den Vorstellungen vieler Menschen nicht nur mit der reizvollen Küstenlandschaft, sondern auch mit der größten Militäroperation in der Menschheitsgeschichte verbunden. Beim D-Day am 6. Juni 1944 landeten mehr als 150 000 alliierte Soldaten in der Region. Heute sind die einstigen blutigen Kriegsschauplätze zu wahren Touristenmagneten geworden. Immer wieder stößt der Reisende auf Soldatenfriedhöfe, Bunker und Denkmäler sowie Museen, die sich dem Thema verschrieben haben. Neben dem wirtschaftlich bedeutsamen Tourismus hat in der Normandie auch die Landwirtschaft einen hohen Stellenwert. Hierbei spielen die Milchwirtschaft und der Anbau von Obst und Gemüse eine wichtige Rolle. So gehören die »drei genussvollen C« untrennbar zur Normandie: der Apfelwein Cidre, der Apfelschnaps Calvados und der berühmte Camembert. Ein weiteres wichtiges Standbein der Wirtschaft sind die Fischerei und die Seefahrt mit bedeutenden Häfen u. a. in Le Havre. Mit dem Wohnmobil ist man in der Normandie bestens unterwegs und auch die Stadt Dieppe, der Ausgangspunkt der Reise, bietet am Hafen einen Stellplatz.

Dieppe

Dieppe im Norden der Normandie gewährt einen Einblick in eine lebendige Hafen- und Fährstadt, in der rund 40 000 Bürger wohnen. Bereits die Wikinger schätzten die tiefe Flussmündung und nach der Eroberung Englands durch die Normannen entstand eine richtige Stadt. Im 16. und 17. Jahrhundert florierte der Handel mit Gewürzen, Fischen, Elfenbein und leider auch mit Sklaven. 1694 wurde die Stadt von den Engländern zerstört. Im 19. Jahrhundert mauserte sich die Stadt als nächstgelegenes Seebad zu Paris zu einem Erholungsort für wohlhabende Bürger. Heute tummeln sich die »Normalbürger« am Steinstrand von Dieppe, schlendern über die Promenade und pausieren an einer der zahlreichen Crêpes-Buden. Abends ziehen die Urlauber durch die Straßen, um das passende Restaurant zu finden. Am Hafen reihen sich die Restaurants aneinander, beim schmackhaften Fischgericht hat man immer die gro-

Start
Dieppe
Stadttor Les Tourelles
Aquarium
75 *Burg*
Varengeville
Seemannskapelle
Le Bois des Moutiers
7 km
Quiberville
75
68
925 17 km
St-Valery-en-Caux
Alabasterküste

ßen Hafenbecken mit den unzähligen Schiffen vor Augen. In Augenschein sollte man auch das alte Stadttor »Les Tourelles«, das Aquarium und die mächtige Burg (15. Jh.) mit tollem Ausblick und Museum nehmen, in dem man zahlreiche Gemälde und Elfenbeinschnitzereien bewundern kann. Sehenswert ist auch die große Kirche Saint-Jacques (13. – 16. Jh.) und zu den schönsten Plätzen der Stadt gehört sicherlich der »Place du Puits Salé« mit Brunnen und normannischem Giebelhaus.

Verlässt man Dieppe, so beginnt die eigentliche Route, die zwar nicht durchgängig an der Küste entlang führt, dennoch werden lohnenswerte Ziele an der Küste angesteuert. Unterwegs ist der Reisemobilist zunächst an der Alabasterküste, in dem Département Seine-Maritime (Region Haute-Normandie).

Alabasterküste – Côte d'Alabâtre

Der reizvollste Küstenabschnitt der normannischen Küste ist zweifelsfrei die grandiose Alabasterküste, die sich im Norden der Normandie zwischen der Hafenstadt Le Havre und der Stadt Le Tréport auf einer Länge von beachtlichen 150 Kilometern erstreckt. Die gewaltige Brandung des Meeres hat hier eine atemberaubende Landschaft geschaffen und durch die Abrasion verlagert sich der Küstenstreifen langsam landeinwärts. Hier stehen die steilsten und fotogensten Klippen Frankreichs. Die alabasterfarbenen Kalkfelsen gaben der Küste den Namen. Die markanten Felsen verfügen über bizarre Formen und teilweise ragen mächtige Felsblöcke aus dem Wasser. Unterhalb der Felswände liegen vielfach breite Steinstrände, die zwar beliebt sind, aber glücklicherweise nicht massenhaft die Touristen anziehen.

Dieppe verlässt der Reisemobilist über die D75. Die Straße führt über einen hügeligen Küstenabschnitt. Nach 5 km erreicht man einen Parkplatz, von dem man einen grandiosen Ausblick über die Steilküste und den Ort Pourville hat. Im weiteren Verlauf geht es durch den Ort Varengeville-sur-Mer, vorbei an prächtigen Häusern, Villen und Parkanlagen. Eine kleine und recht zugewachsene Straße führt hinunter zur Kapelle, an der man auch parken kann. Diese eindrucksvolle »Seemannskapelle« aus dem 12. Jahrhundert mit einem auffälligen Holzgewölbe bietet neben dem Blick über Meer und Küste auch kunstvoll geschaffene Fenster. Sie stammen von dem 1963 verstorbenen

Der Stellplatz am Hafen von Dieppe.

Künstler Georges Braque, dessen Grab vor der Kapelle zu finden ist. Auch der Künstler Joan Miró lebte zeitweise in dem Ort. Bei der Rückfahrt passiert man den herrlichen Park »Le Bois des Moutiers« (großer Parkplatz).

Weiter geht es über die Straße D75, über die man nach 7 km den Badeort Quiberville erreicht. Er verfügt über einen Campingplatz und die Bedingungen zum Baden sind optimal. Das Reisemobil kann an der Seite der Straße geparkt werden und über den breiten Steinstrand geht es hinein in die Fluten. Erfrischt wird die Route über die D75 in westliche Richtung fortgesetzt. Es geht vorbei an großen Getreidefeldern und zwischendurch blickt man aufs Meer. Über die D68 und weiter die D925 gelangt man in den sehenswerten Küstenort St-Valery-en-Caux, der einen Stellplatz direkt am Meer bietet.

St-Valery-en-Caux

Das Bild des gefälligen Hafenortes wird durch den großen Hafen bestimmt. Darum scharen sich nette Häuser unter denen das Fachwerkhaus »Maison Henri IV« besticht. Es wurde 1540 errichtet und beherbergt heute die Touristeninformation. Geht man am Hafenbecken weiter, so erreicht man den Wohnmobil-

Abseits der Alabasterküste setzt sich die landschaftliche Idylle fort.

Es bereit Freude durch den herrlichen Park »Le Bois des Moutiers« zu spazieren.

» SEHENSWERT

Le Bois des Moutiers
Der prächtige und weitläufige »Le Bois des Moutiers« gehört zu den schönsten Parkanlagen des Landes. Bereits 1898 schufen Guillaume Mallet und der bekannte Architekt Sir Edwin Luytens den Landschaftspark, der immerhin 12 Hektar umfasst. Die Wege führen vorbei am prächtigen Herrenhaus, an farbenfroh blühenden Rhododendronbüschen, Rosen, Hydrangeas, Azaleen, japanischen Pinien und hohen Zypressen – dazwischen hat der Parkbesucher einen schönen Blick aufs Meer.

Stellplatz und steht unterhalb der hohen lotrechten Felswände. Der Ort liegt hier in einem Spalt zwischen den bis zu 100 Meter hohen Klippen, auf die auch ein Pfad hinaufführt.

Die hoch aufragenden Felsen von St-Valery-en-Caux noch vor Augen, geht es über die D925 zügig zur Hafenstadt Fécamp (35 km), die einen Stellplatz bietet.

Fécamp

Rund 21 000 Menschen leben in der Hafenstadt. Oberhalb der Steilküste entstanden bereits in der vorchristlichen Zeit die ersten Siedlungen. Im 7. Jahrhundert wurde ein Kloster gebaut, das über eine Reliquie mit dem Blut Jesus verfügt. Dies war der Grund für die Wallfahrten zahlreicher Gläubiger. Im 11. Jahrhundert wurde im Auftrag von Richard II., dem Herzog der Normandie, die Kirche St-Trinité errichtet. Sie stellt die Hauptattraktion der Stadt dar und imponiert durch ihre imposanten Ausmaße. Mit einer Länge von 128 Metern gehört sie zu den großen Kirchen des Landes. Im Inneren verfügt der Sakralbau über einen interessanten Marmor-Tabernakel aus dem Jahr 1507. Ein anderes sehenswertes Bauwerk ist das »Palais Bénédictine«, ein Prachtbau mit herrlicher Fassade, in dem man sich über die Likörherstellung informieren kann. Von Interesse ist auch das angeschlossene Kunstmuseum. Ende Mai lockt das Stadtfest »Fête de la Mer«, ein Wikingerspektakel, zahlreiche Gäste an. Aber auch Badegäste kommen gerne nach Fécamp, denn hier kann man sein Badelaken am Steinstrand ausbreiten.

Die grandiosen Felsen von Étretat.

Nur 17 Kilometer über die gut ausgebaute D940 sind es bis zur sehenswerten Stadt Étretat. Hier kann man sich über einen weiteren spektakulären Küstenabschnitt freuen.

Étretat

Das einstige kleine Fischerdorf an der Alabasterküste hat sich zu einem beliebten Fremdenverkehrsort entwickelt. Bereits in der Römerzeit war der Ort besiedelt, allerdings wurde die Siedlung im 8. Jahrhundert durch eine verheerende Springflut zerstört. Rund 2000 Bürger zählt der Badeort, der durch die unzähligen Restaurants, Geschäfte, die Promenade und den Strand im Sommer sicherlich mehr Gäste als Einwohner hat. Auf dem »Place du Maréchal Foch« steht eine hübsche

» TIPP

In Étretat stößt man auf viele Läden, die für Touristen zugeschnitten sind. Umsehen sollte man sich in der »Rue Alphonse Karr«, in der das interessante Geschäft »Un jour à Étretat« zu finden ist. Obwohl man hier zahlreiche Modellschiffe und nautische Dekorartikel bewundern und natürlich kaufen kann, wird man sicherlich nicht »einen Tag« in diesem Geschäft verbringen.

Markthalle mit Souvenirgeschäften. Das Aushängeschild von Étretat sind die weit über die Region hinaus bekannten Kalkfelsen. Die zerklüfteten und mächtigen Felsen stehen im Meer. Die Abrasion hat hier eine fantastische Kulisse geschaffen. Ein Wanderweg, am Ende der Promenade führt hinauf zu den Felsen. Der Ausblick über den Ort und die atemberaubende Küste ist grandios und gehört zu den Highlights der Reise.

Den beliebten Ferienort Étretat mit seiner markanten Felsenformation verlässt der Reisemobilist über die D940, die wenige Kilometer parallel zur Küste verläuft. Durch eine Agrarlandschaft geht es zur bedeutenden Hafenstadt Le Havre, die rund 30 km entfernt ist. Am Fährhafen »Terminal de Grande Bretagne« befindet sich der Wohnmobil-Stellplatz. Große Fähr- und Passagierschiffe legen hier an.

Le Havre

Mit rund 250 000 Einwohnern ist die Industrie- und Hafenstadt die größte Stadt der Normandie. Sie erstreckt sich am nördlichen Ufer der breiten Seinemündung. Ein kurzer Blick auf die Geschichte: im Jahre 1517 ließ König François im Randgebiet der Seinemündung neue Hafenanlagen errichten. Dies war notwendig, denn der alte Hafen versandete regelmäßig. Es entwickelte sich ein geschäftiger Hafenort, der 1562 für ein Jahr britisch wurde. In der Kolonialzeit, im 17. Jahrhundert, war Le Havre ein wichtiges Bindeglied zwischen dem französischen Mutterland und den Kolonien. Von hier aus wurde reger Handel mit den Kolonien in Übersee getrieben. In den Jahren 1694 und 1759 wurde die Stadt bei kriegerischen Auseinandersetzungen teilweise zerstört. Nach der Unabhängigkeit der amerikanischen Kolonien im Jahre 1776 florierte der Überseehandel, denn er erfolgte überwiegend von der englischen und französischen Küste. Ein trauriges Kapitel der Stadtgeschichte ist der Zweite Weltkrieg, in dem Le Havre fast vollständig zerstört wurde. Von den 100 000 Einwohnern wurden 80 000 obdachlos, denn rund 12 000 Häuser fielen dem Bombenhagel zum Opfer. Der anschließende Wiederaufbau der Stadt in den 1950er-Jahren

Le Havre wartet mit einer Vielzahl von modernen Bauwerken auf.

St-Valery-en-Caux
925 35 km
Fécamp
St-Trinité
Palais Bénedictine
Kunstmuseum
940 17 km
Étretat
Un Jour à Étretat
Felsen von Étretat
940 30 km
Le Havre
Kulturzentrum
Le grand Volcan
Kathedrale
Notre-Dame
Naturkundemuseum
Kunstmuseum

Feuerschiff im Hafen von Le Havre.

auf 133 Hektar Ruinen erfolgte in einem modernen, fast progressiven Baustil. Der Architekt Auguste Perret, Schüler des berühmten Architekten Le Corbusier zeichnet sich verantwortlich für das heutige Stadtbild, das bestimmt wird von großen Plätzen, symmetrisch verlaufenden Straßen sowie beeindruckenden futuristischen Bauwerken. Am blumengeschmückten Platz »Place de l'Hôtel de Ville« steht das Rathaus mit dem 72 Meter hohen Turm. Geht man von dem Rathausplatz rund 200 Meter südlich, so erreicht man den interessanten Platz Oscar Niemeyer (Espace Oscar Niemeyer) mit dem Kulturzentrum von Le Havre. Es ist in zwei modernen Bauwerken untergebracht. Sie wurden entworfen von dem brasilianischen Architekten Oscar Niemeyer und 1982 eingeweiht. Von den beiden asymmetrischen runden Bauwerken fällt das größere Gebäude »Le grand Volcan« (der große Vulkan) ins Auge. Es erinnert an den Kühlturm eines Atomkraftwerkes. Der futuristische Bau beherbergt Kino, Theater und Ausstellungen. Am Platz Niemeyer befindet sich auch das Becken »Bassin du Commerce« mit der modernen Fußgängerbrücke. Sie verkürzt den Weg in die Innenstadt und bietet einen guten Blick auf den einzigartigen Platz. Rund 300 Meter südlich stößt man auf ein »altes« Bauwerk, die Kathedrale Notre-Dame, die 1630 fertiggestellt, im Zweiten Weltkrieg stark zerstört und wieder aufgebaut wurde. Zum sehenswerten Inventar gehört die Orgel (1637) mit ihren dekorativen Schnitzarbeiten – ein Geschenk von dem bekannten Kardinal Richelieu. Wenige Schritte von der Kathedrale entfernt, befindet sich das Naturkundemuseum (Musée d'Histoire Naturelle), das im ehemaligen Justizpalast untergebracht ist. In einem modernen verglasten Bauwerk aus Stahl und Aluminium am Hafen befindet sich das Kunstmuseum »Musée des Beaux-Arts André Malraux«, in dem Werke namhafter Künstler ausgestellt sind. Über die Stadt- und Hafengeschichte informiert das Stadtmuseum (Musée de l'Ancien Havre). Ein markantes Gotteshaus ist die Kirche St-Joseph mit ihrem monströsen Glockenturm, der wie ein amerikanischer Wolkenkratzer in den Himmel ragt. Der 109 Meter hohe Turm wurde in den 1950er-Jahren errichtet. Von der Kirche geht man nach Westen weiter und erreicht den Hafen »Port de Plaisance«, ein riesiger Jachthafen mit Platz für rund 1000 Boote. Zwei große Molen schützen den Hafen vor dem offenen Atlantik. Am Ende der Mole »Digue Nord« hat man einen reizvollen Ausblick auf den Hafen. Nebenan lädt der Strand zum Baden ein.

Le Havre verlässt man in östliche Richtung und gelangt auf die Autobahn A131 und nach wenigen Kilometern die A29, auf der man in südliche Richtung auf die hohe Brücke »Pont de Normandie« fährt. Dieses Respekt einflößende Bauwerk gilt es im weiteren Verlauf zu überwinden. Hierbei handelt es sich um eine mautpflichtige Brücke, die den Unterlauf der Seine überspannt. Sie verbindet Le Havre und Honfleur und hat eine Länge von beachtlichen 2141 Metern. Zwischen den Stützpfeilern beträgt der Abstand 856 Meter. Achtung: Mit dem Reisemobil sollte man angepasst fahren, da der Seitenwind stark sein kann. Von der Brücke hat man einen guten Blick über das breite und bei Ebbe versandete Mündungsgebiet der Seine. Nach der Brücke erreicht der Reisende das Département Calvados in der Region Basse-Normandie. Dann gelangt man über die D513 nach 4 Kilometern in die interessante Stadt Honfleur. Vor dem Ortseingang geht es rechts ab auf den großen Stellplatz, von dem man bequem zu Fuß die Altstadt erreicht.

Honfleur

Das alte Fischerstädtchen Honfleur gehört zu den besonderen Orten entlang der Route. Allerdings eilt ihr der gute Ruf voraus und so schlendert man niemals allein durch das historische Zentrum. Sogar die Seine-Kreuzfahrtschiffe legen in Honfleur an. Honfleur (9000 Einw.) liegt am südlichen Ufer der Seinemündung und begeistert den Besucher durch seine mittelalterliche Altstadt. Das

Le Havre
Kulturzentrum
Le grand Volcan
Kathedrale
Notre-Dame
Naturkundemuseum
Kunstmuseum

A131

A29
Pont de Normandie
513 4 km

Honfleur
Vieux Port
Ste-Cathérine
Notre-Dame-de-Grâce

Rund um den alten Hafen von Honfleur speist man mit Vorliebe schmackhafte Fischgerichte und Meeresfrüchte.

Die Kirche Ste-Cathérine in Honfleur ist ein seltenes Holzbauwerk.

Herz schlägt am alten Hafen, dem »Vieux Port«. Von hier lief auch der Seefahrer Samual de Champlain aus und gründete 1608 die kanadische Stadt Québec. Rund um das alte Hafenbecken ragen die alten Fischerhäuser bis zu 8 Stockwerke in den Himmel und umschließen den kleinen Hafen. So ansehnlich präsentiert sich das Häuserensemble, dass viele Maler versuchen, es auf der Leinwand festzuhalten. Im Erdgeschoss der alten Häuser landen in den Restaurants überwiegend Fischgerichte und Meeresfrüchte auf den Tellern der Gäste, die vorwiegend draußen sitzen möchten. Insbesondere die Muschelgerichte locken auch die Bewohner aus der Umgebung zum Speisen nach Honfleur. Abseits der hohen Häuserzeile geht der Trubel weiter und so schlendert man durch alte Gassen, in denen viele Galerien ihre Kunstwerke anbieten. Ein Stadtrundgang sollte den Besucher zur Kirche Ste-Cathérine bringen. Sie hat eine einmalige Architektur und wurde 1468 von Schiffszimmerleuten ganz aus Holz gebaut. Sehenswert sind im Inneren die schönen Schnitzarbeiten und die Votivschiffe. Im hölzernen Glockenturm nebenan ist ein Museum untergebracht. Zwei weitere Museen befinden sich am alten Hafenbecken. In der alten Kirche Saint-Étienne widmet sich heute ein Museum der Seefahrt und in dem benachbarten Völkerkunde- und Volkskunstmuseum stößt man auf Kunstwerke und normannische Inneneinrichtungen. Vom Kalvarienberg mit der Wallfahrtskapelle »Notre-Dame-de-Grâce« (17. Jh.), genießt man einen herrlichen Ausblick.

Über die Straße D513 verlässt der Reisemobilist Honfleur und hat direkt am Leuchtturm die Möglichkeit zu parken und den Blick über das Meer und die Seinemündung schweifen zu lassen. Auf der weiteren Strecke fährt der Reisende an hohen Hecken vorbei und genießt ab und zu den Meerblick. Hier ist man an der Blumenküste unterwegs.

Côte Fleurie – Blumenküste

In der Normandie erstreckt sich im Département Calvados zwischen den Städten Honfleur und Cabourg die Blumenküste, die »Côte Fleurie«. Dieser Küstenabschnitt bietet liebreizende Sandstrände und freundliche Badeorte mit idyllischen Innenstädten wie

Honfleur, Trouville, Deauville und Cabourg. Gerade die Bewohner von Paris lieben es, sich am Wochenende an der Blumenküste zu entspannen. Dann sind der Strand, die Restaurants oder die Casinos beliebte Ziele.

Nur 15 km von Honfleur entfernt und über die D513 einfach zu erreichen sind die beiden Küstenorte Trouville-sur-Mer und Deauville, die mittlerweile zusammengewachsen sind und durch den Fluss Touques getrennt werden. Am nördlichen Ufer liegt Trouville, das sich seine Ursprünglichkeit bewahrt hat. Vielleicht zieht es deshalb den berühmten französischen Schauspieler Gérard Depardieu regelmäßig in den Urlaubsort. Am südlichen Ufer erstreckt sich das weitaus touristische Deauville. Fährt man über die Brücke und hält sich rechts, erreicht man den Hafen, an dem man parken sollte.

Deauville

In dem mondänen Badeort weht der Duft der weiten Welt und dies ist nicht der Verweis darauf, dass Coco Chanel bereits 1913 hier eine Boutique eröffnete. Vielmehr strömen gut situierte Leute aus vielen Ländern in den Ort und genießen die unbeschwerten Tage am breiten Sandstrand oder stellen ihr Glück im Casino auf die Probe. Das alljährliche Festival des amerikanischen Films lockt dann die Hollywoodgrößen ins Seebad. Kein Wunder also, dass die Umkleidekabinen die Namen der Schauspieler tragen. Abseits von Strand, Casino und Grand Hotels wird es im Stadtzentrum wieder authentischer. Der Besuch der Markthalle am frühen Morgen lässt so manche Spießigkeit vergessen.

Sollte die Reisekasse nicht im Casino von Deauville verspielt worden sein, wird die Route über die D513 fortgesetzt. Hierbei passiert man einige nette Badeorte und erfreut sich am Blick auf den Atlantik. In Houlgate (15 km) kann man am Hafen an der Mündung des Flusses Dives parken und eine Pause einlegen. Ansonsten fährt man wenige Kilometer weiter und stattet dem Badeort Cabourg einen Besuch ab. Weiter geht es durch den Landstrich Bessin, der sich zwischen Caen und Küste erstreckt und für seine Milchproduktion bekannt ist. Darüber hinaus verteilen sich hier schöne Herrenhäuser. Über die D513 erreicht der Reisemobilist nach 22 km die Stadt Caen.

Caen

Wer durch die Stadt Caen schlendert wird sie sofort in sein Herz schließen. Die Großstadt zählt rund 180 000 Einwohner und ist die Hauptstadt der Region »Basse-Normandie«. Sie liegt in einer ebenen Landschaft, rund

Blumenküste

Honfleur
Vieux Port
Ste-Catherine
Notre-Dame-de-Grâce
15 km
Trouville-sur-Mer
Deauville
513 15 km
Houlgate
Cabourg
513 22 km
Caen
Festungsanlage
Musée des Beaux-Arts
St-Pierre
Hôtel des Quatrans
Hôtel d'Escoville
Abbaye aux Hommes
St-Étienne
Abbaye aux Dames

Die Umkleidekabinen am Strand von Deauville tragen die Namen berühmter Schauspieler.

In den Markthallen von Deauville kauft man frische Produkte.

14 Kilometer von der Küste entfernt. Rund 30 000 Studenten prägen das Stadtbild und das kulturelle Leben der Stadt.

Ein kurzer Blick auf die Stadtgeschichte: Bereits die Römer siedelten sich hier an und erst Wilhelm der Eroberer machte im 11. Jahrhundert aus der kleinen Siedlung eine Residenzstadt. Der normannische König gründete auch zwei Klöster, die heute zu den schönsten Bauwerken der Stadt gehören. Zwischen den Engländern und Franzosen hin- und hergerissen fiel die Stadt 1450 endgültig an Frankreich. Im 16. Jahrhundert starben unzählige Bewohner an der Pest, dem sogenannten »Schwarzen Tod«. Im Jahr 1944, während des Zweiten Weltkrieges, wurden große Teile der Stadt zerstört, so dass Caen in den Folgejahren wieder aufgebaut werden musste. Einige historische Gebäude sind glücklicherweise vom Bombenhagel verschont geblieben. Die zerstörten Bauwerke wurden im Stil der intakten Gebäude wieder aufgebaut, so dass das Stadtbild harmonisch wirkt. Im sehenswerten Zentrum der Stadt sind die meisten Sehenswürdigkeiten zu finden. Die gewaltige Burg (Château) wurde unter Wilhelm dem Eroberer ab 1060 gebaut und in den folgenden Jahrhunderten immer wieder umfangreich erweitert. Im Zweiten Weltkrieg wurden Teile des kolossalen Bauwerkes zerstört und so war ein anschließender Aufbau nötig. Heute stößt der Besucher in der Festungsanlage, in der ehemaligen Gouverneursresidenz auf das Museum der Normandie (Musée de Normandie) mit umfangreichen Exponaten zur Geschichte und Kultur dieser Region. Die Burg beherbergt ebenfalls das Museum der schönen Künste »Musée des Beaux-Arts« mit Werken namhafter Künstler wie Tintoretto, Le Brun, Rubens oder Boucher. Sehenswert sind die Gemälde, die die normannische Landschaft zeigen, wie z. B. Werke von Courbet oder Monet. Zwischen den beiden Museen befindet sich die Kapelle »Chapelle St-Georges« aus dem 12. Jahrhundert. Südlich von der Burg stehen beeindruckende Bauwerke unter denen die Kirche St-Pierre herausragt. Sie wurde im 13. Jahrhundert im spätgotischen Stil errichtet und gehört zu den schönsten sakralen Bauwerken der Normandie. Auf dem 78 Meter hohen Kirchturm steht der goldene Hahn. 1549 kletterte ein Junge barfuß die Turmspitze hinauf, um den verrosteten Hahn abzumontieren. Im Inneren begeistern die farbenfrohen Glasfenster. Zu den weiteren sehenswerten und prachtvollen Bauwerken gehören das dreigeschossige Hôtel des Quatrans und das Hôtel d'Escoville sowie das schmucke Gebäude, in dem das Post- und Telekommunikationsmuseum (Musée de la Poste et des Techniques de Communication) untergebracht ist. Nicht verpassen sollte man die Abtei der Männer (Abbaye aux Hommes) mit der Abteikirche St-Étienne. Diese wurde auf Veranlassung von König Wilhelm dem Eroberer im romanischen Stil gebaut und im Jahre 1077 geweiht. Das Gegenstück zu dieser Abtei ist die »Abbaye aux Dames«, die Abtei der Frauen mit der romanischen Abteikirche La Trinité, die 1080 geweiht wurde. Das Grab der Königin Mathilde erinnert an die Frau, die die Kirche erbauen ließ. Mehr ein Ort des Nachdenkens als ein Museum ist das »Mémorial«, das sich dem Thema »Zweiter Weltkrieg« widmet. Nach der ausführlichen Besichtigungstour locken unzählige Geschäfte und eine Vielzahl von Restaurants und Kneipen.

Über die gut ausgebaute N13 führt die Straße in nordwestliche Richtung und hier erreicht der Wohnmobilist nach 27 Kilometern die Stadt Bayeux. Am besten fährt man zum empfehlenswerten Campingplatz »Camping Municipal« und spaziert dann in die Stadt.

Bayeux

»Erst mal zum Wandteppich« lautet sicherlich das Motto der vielen Stadtbesucher. Er ist im wahrsten Sinne des Wortes das Aushängeschild der Normandie und steht ganz oben auf der Liste der Attraktionen im Normandie-Urlaub. Allerdings sollte man sich den Besuch der schönen Altstadt nicht entgehen lassen. Die reizvolle Stadt zählt 13 000 Einwohner und wird von dem Fluss Aure durchflossen. Das historische Stadtzentrum präsentiert sich mit reizvollen Patrizierhäusern aus dem 14. bis 18. Jahrhundert. In der Rue Martin reihen sich die netten Geschäfte und Marktstände aneinander. Das imposanteste Bauwerk ist jedoch die mächtige gotische Kathedrale. Im Jahre 1047 wurde mit dem Bau begonnen. Im Laufe der Jahrhunderte wurde das Gotteshaus immer wieder erweitert und erst im 18. Jahrhundert erhielt der Turm ein neues Dach. Im Inneren der hellen Kirche sollte man auch in die interessante Krypta hinuntergehen.

Caen
Festungsanlage
Musée des Beaux-Arts
St-Pierre
Hôtel des Quatrans
Hôtel d'Escoville
Abbaye aux Hommes
St-Étienne
Abbaye aux Dames

N13 27 km

Bayeux
Gotische Kathedrale
Teppich von Bayeux
Altstadt

Zwei der vielen sehenswerten Bauwerke in Bayeux.

» SEHENSWERT

Der Teppich von Bayeux

In dem Museum »Tapisserie de Bayeux« ist der weltberühmte Wandteppich ausgestellt. 2007 hat er von der UNESCO das Label »Memory of the World« erhalten. Dezent beleuchtet ist er in einem dunklen Raum hinter einer Glasscheibe zu sehen. Dieser bestickte Wandteppich ist ein textiles Kunstwerk und vielleicht der erste Comic, denn er erzählt die abenteuerliche Geschichte des Normannenherzogs Wilhelm der Eroberer. Mit seinem Heer konnte er im Jahre 1066 die Engländer besiegen und wurde zum König von England gekrönt. Die frischen Farben und der hervorragende Zustand des mehr als 900 Jahre alten Wandteppichs verblüffen ebenso wie die Größe von 70 x 0,5 Meter. Über einen Audioguide erhält der Besucher Informationen über die 58 dargestellten Szenen. Der Wandteppich wurde von Odo, dem Halbbruder Wilhelms, in Auftrag gegeben und von einer angelsächsischen Werkstatt gefertigt. In dem Museumsgebäude befindet sich eine weitere Ausstellung, die mit Figuren, Modellen und zahlreichen Zeichnungen weitere Informationen zum historischen Geschehen liefert (www.tapisserie-bayeux.fr).

Nur 36 km entfernt befindet sich St-Lô, eine weitere sehenswerte Stadt. Über die D572 passiert man den Ort Vaubadon und fährt anschließend einige Kilometer durch das Waldgebiet »Forêt de Cerisy« mit hohen Laubbäumen. Nach dem Wald ist man im Département »Manche« unterwegs. Hier ändert sich nicht nur die Straßenbezeichnung in D972, sondern auch das Landschaftsbild. In der landwirtschaftlich genutzten Hügellandschaft hat man teilweise einen herrlichen Weitblick. Auf den Weiden, zwischen Wällen und Hecken sind nicht nur weidende Kühe zu sehen, sondern auch Pferde, denn die Region ist die Heimat zahlreicher Pferdezüchter. Natürlich dürfen in der Region die Apfelbäume nicht fehlen.

In St-Lô kann man auf dem großen Parkplatz »Champ de Mars«, neben dem Kulturzentrum, parken.

St-Lô

Auf den ersten Blick scheint die Stadt keinen Charme zu versprühen, was in erster Linie an den vielen neuen Bauwerken liegt. Auf den zweiten Blick bietet St-Lô einige lohnende Sehenswürdigkeiten.

Das Museum »Tapisserie de Bayeux« informiert rund um den weltberühmten Wandteppich.

Mächtige Mauern umgeben die Stadt St-Lô.

Im Zweiten Weltkrieg wurde die Stadt am Fluss La Vire zu einem Großteil zerstört und erhielt den Beinamen »Hauptstadt der Trümmer«. Von den Trümmern ist heute nichts mehr zu sehen, allerdings ist sie Hauptstadt geblieben und zwar vom Département Manche. Der neue Spitzname lautet heute »Hauptstadt der Pferde«, was zum einem an den vielen umliegenden Gestüten und zum anderen am Nationalgestüt liegt. In dem 1806 unter Napoleon eingerichteten Gestüt in der »Avenue du Maréchal Juin« sind rund 100 Hengste verschiedener Rassen untergebracht. Im Sommer locken die Vorführungen nicht nur Pferdeliebhaber an. Die moderne Stadt erstreckt sich auf einem Hügel und besticht durch ihre mächtigen Schutzwälle. Von diesen hohen Mauern und dem Turm »Tour Beaux-Regard« hat man einen tollen Ausblick. In der Nähe befindet sich die Kirche Notre-Dame, an der sich moderne Architektur an den spätgotischen Baustil anschmiegt. Für Kunstliebhaber lohnt sich der Besuch des Museums für schöne Künste, das in dem modernen, 1989 errichteten Kulturzentrum untergebracht ist. Am Samstag sollte man auf dem großen Wochenmarkt einkaufen.

Wer durch das Binnenland der Normandie fährt, freut sich stets auf die Küste. Allerdings ist diese noch eine gute Autostunde entfernt. Über die D972 geht es weiter in westliche Richtung und nach 27 Kilometern trifft der Reisemobilist in Coutances ein.

Coutances

In dem freundlichen Städtchen lohnt sich ein Rundgang. In der Römerzeit war das damalige »Constantia« der Hauptort der Halbinsel Cotentin. Das Highlight der Stadt ist die Kathedrale Notre-Dame, die im 13. bis 15. Jahrhundert auf dem höchsten Punkt der Stadt errichtet wurde. Stolz zeigt sie sich in normannischer Gotik. Nebenan steht das prächtige Rathaus (1907) und geht man die Straße hinunter, erreicht man mit der Kirche Saint-Nicolas ein weiteres historisches Gotteshaus (13. Jh.). Lohnenswert ist auch der Spaziergang durch den terrassenförmig angelegten Botanischen Garten.

Coutances verlässt man über die D971 und fährt zielstrebig zu einer der schönsten Städte der Normandie. Es ist die Hafenstadt Granville, die man nach rund 30 Kilometern erreicht. Hier fährt man unterhalb der Altstadt am Hafen vorbei und zum Ende der Halbinsel. Dann führt die Straße hinauf zum historischen Stadtzentrum, vor dessen Tor sich der Stellplatz befindet. Ein unvergessener Stadtrundgang oder eine Küstenwanderung kann beginnen.

Bayeux
Gotische Kathedrale
Teppich von Bayeux
Altstadt
572 36 km
972
St-Lô
Forêt de Cerisy
Tour Beaux-Regard
Notre-Dame
972 27 km
Coutances

Reizvolle Küstenlandschaft bei Granville.

Granville

Grandiose Ausblicke auf die Küste, abenteuerliche Strände, mittelalterliches Flair, Seeräuber-Romantik, lebendige Gassen und Möwengeschrei gehören zu den Merkmalen eines Stadtbesuchs. Die Attraktivität der tollen Hafenstadt wird durch ihre Lage bestimmt, denn auf einer felsigen Halbinsel liegt die Altstadt »Haute Ville«, die man durch die Stadttore betritt und sich sofort um Jahrhunderte zurückversetzt fühlt. Unterhalb liegt das Stadttor »Grande Porte«, das durch eine Zugbrücke verriegelt wurde und so vor feindlichen Eindringlingen Schutz bot. Heute dringen vorwiegend die Touristen in die Altstadt ein und schlendern durch die alten Gassen, schauen sich in den Galerien um oder stöbern in den Geschäften. Wer länger bleibt, informiert sich im Stadtmuseum über die Seefahrer- und Seeräubervergangenheit der Stadt oder besucht das naturkundliche Museum Le Roc, mit Aquarium, Mineraliensammlung, Muschelausstellung und Schmetterlingssammlung. Abseits der geschlossenen Altstadt zeigt sich Granville als mondänes Seebad mit Kurhaus und Thalasso-Zentrum. Natürlich darf auch hier ein Spielcasino nicht fehlen. Seit 1928 zieht es die Erholungssuchenden in das wohl mondänste Seebad im Westen der Normandie.

Ein weiteres Museum ist dem großen Sohn der Stadt gewidmet, dem Modedesigner Christian Dior (1907–1957). Das Museum ist in der rosa Villa »Villa Les Rhumbs« der Familie Dior untergebracht und informiert über das Werk und Leben des Pariser Modeschöpfers.

In Granville ist nicht nur das Ziel der Reise durch die Normandie, sondern auch der Höhepunkt dieser Tour in greifbarer Nähe, denn für die Fahrt zur rund 50 Kilometer entfernten Klosterinsel Le Mont-St-Michel benötigt der Reisemobilist rund eine Stunde. Schnurgrade führt die D973 nach Avranches (24 km). Hierbei hat man die Stadt auf dem Hügel stets vor Augen. Gibt man dem Interesse nach und besucht die Stadt, erfreut man sich an der gro-

» TIPP

Baden

Ob man über moderne oder altmodische Badekleidung verfügt, ist in Granville egal, auf jeden Fall sollte man die Treppe von der Altstadt hinuntergehen und sein Badelaken am Strand ausbreiten. Wem das Wasser des Atlantiks noch zu kalt ist, der wird sich in die aufgewärmten natürlichen Becken der Felsen setzen.

ßen Kathedrale und den prächtigen Altstadthäusern. Vom Park »Jardin des Plantes« hat man einen herrlichen Ausblick über das ebene Schwemmland der Flüsse Sée, Sélune und Couesnon. In der bei Ebbe versandeten Landschaft ragt die Klosterstadt in die Höhe. Zügig geht es über die N175, D43, D75, D275 und schließlich über den Damm zur Hauptattraktion der Normandie. Unterkünfte bieten der Parkplatz oder der benachbarte Campingplatz.

Le Mont-St-Michel – Ziel und Höhepunkt der Reise

Nicht erst seitdem der Komiker Hape Kerkeling »mal weg war«, ist das Pilgerwandern en vogue. Im Mittelalter zählte der Le Mont-St-Michel zu den wichtigsten Pilgerzielen und auch heute strömen die Menschen zum Klosterberg. Alljährlich werden rund 3,6 Mio. Besucher gezählt. Wer auf den Besuch verzichtet, hat eine der imposantesten Attraktionen Frankreichs verpasst.

Der Klosterfelsen mit der imposanten Klosteranlage ist das beste Beispiel französischer mittelalterlicher Architektur. Er thront bei Flut im Meer, vor der Mündung des Flusses Couesnon und bei Ebbe im ebenen Watt. Im Jahre 2008 konnte das 1300-jährige Bestehen gefeiert werden und so lohnt sich ein kurzer Blick auf die Geschichte. Sie beginnt mit einem unbesiedelten markanten Felsen (78 Meter hoch und 900 Meter lang). Im Jahre 708 erhielt der Bischof von Avranches vom Erzengel Michael den Auftrag, eine Kapelle auf dem auffälligen Felsen zu bauen. Erst im Jahre 966 wurde ein Benediktinerkloster gegründet und eine Kirche gebaut. In mehreren Abschnitten wurde der Bau der beeindruckenden Abteikirche durchgeführt und schließlich konnte sie 1228 fertiggestellt werden. Neben der Kirche entstanden weitere Gebäude, wie Gästehäuser, Krankenstationen, Gerichtssaal und Konventgebäude. In der Folgezeit wurde der kleine Klosterort befestigt und so konnten im 15. Jahrhundert

Coutances
971 30 km
Granville
Naturkundliches Museum Le Roc, Mineraliensammlung, Aquarium
973 24 km
Avranches
Jardin des Plantes
N175
43 26 km
75
275
Le Mont-St-Michel
Ziel

Zählt zu den größten Attraktionen des Landes: Le Mont-St-Michel.

die Engländer das Kloster nicht einnehmen. Allmählich ging die Bedeutung des Klosters zurück und erlebte mit der Einrichtung eines Staatsgefängnisses 1863 den Niedergang. Erst 1897 wurde die vergoldete Statue des Erzengels Michael auf die Turmspitze der Abteikirche gesetzt, was den Aufschwung verdeutlichte. Heute präsentiert sich Le Mont-St-Michel als Glaubensstätte, Wallfahrtsort und hochkarätiges Touristenziel. Sie wurde in die UNESCO-Liste als »Weltkulturerbe« aufgenommen. Die Touristen gehen und steigen hier über historisches Pflaster und fühlen sich in das Mittelalter zurückversetzt. Inmitten der schützenden Mauern glaubt man in einem riesigen Freilichtmuseum zu sein. Zahlreiche Stufen führen hinauf zur Klosterkirche und nachdem man eine Eintrittskarte gekauft hat, erschließt sich für den Besucher eine ganz andere Welt, denn es beginnt ein langer und äußerst lohnenswerter Rundgang durch die historischen Säle und Kirchenräume. Beim Rundgang gelangt man auch auf die Terrasse der Klosterkirche, von der man einen atemberaubenden Ausblick hat. Der schönste Teil der Anlage ist der Kreuzgang mit den Spitzbogenarkaden. Sehenswert ist auch der Saal »Salles des Hôtesses«, in dem die reichen Gäste empfangen und bewirtet wurden. Nach dem Rundgang wird es in den engen Gassen wieder voller und die Besucher drängeln sich an den Souvenirgeschäften und in den zahlreichen Restaurants. Erst am Abend, wenn die Reisebusse abgefahren sind, wird es ruhiger und dank der raffinierten Beleuchtung lernt man Le Mont-St-Michel von einer anderen Seite kennen.

Abschließend soll auch noch darauf hingewiesen werden, dass der Damm, der die Klosterinsel mit dem Festland verbindet, weichen muss. Durch diesen bereits 1879 errichteten Damm wird der Klosterfelsen nicht mehr ausreichend umspült und die Versandung ist nicht mehr aufzuhalten. Das spektakuläre Erscheinungsbild im Meer ist somit gefährdet. Der Damm soll abgetragen und durch eine Brücke ersetzt werden. Dieses gigantische Projekt soll voraussichtlich 2012 abgeschlossen sein. Dann stehen dem Besucher rund 4000 Parkplätze auf dem Festland zur Verfügung. Hoffentlich auch den Reisemobilisten!

Abends kehrt in den Gassen von Le Mont-St-Michel allmählich wieder Ruhe ein.

» PRAKTISCHE HINWEISE

Touristeninformationen

Le Havre: Office de Tourisme de Le Havre, 186, Boulevard Clémenceau, 76059 Le Havre, Tel. 02 32 74 04 04, www.lehavretourisme.com

Bayeux: Office de Tourisme de Bayeux, Pont Saint Jean, 14411 Bayeux, Tel. 02 31 51 28 28, www.bayeux-bessin-tourisme.com

Le Mont-St-Michel: Office de Tourisme du Mont-St-Michel, 50170 Mont-Saint-Michel, Tel. 02 33 60 14 30, www.ot-montsaintmichel.com

Camping- und Stellplätze

Dieppe – Stellplatz am Hafen GPS 49°55'49"N; 001°05'09"E;
Nördlich des Hafens, unterhalb von Steilfelsen befindet sich der ebene Stellplatz. Über die alte Drehbrücke erreicht man den Platz. Zur Altstadt sind es rund 800 Meter und bezahlt wird am Parkautomaten. Rund 40 Plätze stehen zur Verfügung, www.dieppetourisme.com

Quiberville – Campingplatz »Camping de la Plage« GPS 49°54'21"N; 000°55'40"E;
Die Straße trennt den ebenen Campingplatz von dem breiten Steinstrand. Er ist gut ausgestattet und nur 200 Meter vom Ortszentrum entfernt: Tel. 02 35 83 01 04, www.campingplagequiberville.com

St-Valery-en-Caux – Stellplatz »Arrete Municipal« GPS 49°52'20"N; 000°42'30"E;
Eine traumhafte Lage hat der Stellplatz am Meer, neben der Hafeneinfahrt zum »Avant-Port«. Die ebenen Stellplätze befinden sich unterhalb einer hohen Felswand. Baden kann man gleich nebenan am Steinstrand und das Stadtzentrum erreicht man nach 500 Metern. Die Zufahrt ist einspurig! Tel. 02 35 97 00 22, www.ville-saint-valery-en-caux.fr

Fécamp – Stellplatz am Hafen GPS 49°45'39"N; 000°22'15"E;
Direkt am Hafen, rund 500 Meter zur Altstadt befindet sich der asphaltierte Stellplatz. Hier steht der Reisemobilst mit dem Blick auf die Jachten, www.fecamptourisme.com

Le Havre – Stellplatz am Fährhafen GPS 49°29'06"N; 000°06'25"E;
Im Ortszentrum ist der Wohnmobil-Stellplatz bereits ausgeschildert. Er befindet sich am Fährhafen und verfügt über ebene asphaltierte Stellplätze auf einem umzäunten Gelände, www.lehavretourisme.com

Honfleur – Stellplatz GPS 49°25'08"N; 000°14'33"E;
An der Ortseinfahrt biegt man über die Brücke nach rechts ab und erreicht den großen Stellplatz. Vom ebenen Schotterplatz zur schönen Altstadt sind es rund 800 Meter: Tel. 02 31 89 23 30, www.ot-honfleur.fr

Bayeux – Campingplatz »Camping Municipal« GPS 49°17'03"N; 000°41'56"W
Auf dem städtischen Campingplatz fühlt man sich auf Anhieb wohl. Rasenflächen und integrierte asphaltierte Stellplätze unter Bäumen kennzeichnen den Platz. Er befindet sich rund 800 Meter nördlich der Altstadt und in 200 Meter Entfernung bietet sich ein Einkaufszentrum zum Auffüllen der Vorräte an: Tel. 02 31 92 08 43, www.bayeux-bessin-tourisme.com

Coutances – Campingplatz »Camping Municipal les Vignettes«
Der städtische Campingplatz in Coutances nahe der Sportanlagen hält für Campinggäste rund 80 Stellplätze bereit. Er ist ganzjährig geöffnet: Tel. 02 33 45 43 13, www.ville-coutances.fr

Granville – Stellplatz an der Altstadt GPS 48°50'06"N; 001°36'33"W;
Zwischen Leuchtturm und historischer Altstadt befindet sich der ausgeschilderte Stellplatz. Bei der Anfahrt passiert man den Hafen, fährt am Ende der Halbinsel die Straße hoch und am Leuchtturm vorbei. Der ebene Schotterplatz ist nur 200 Meter vom Stadttor zur prächtigen Altstadt entfernt. Am Leuchtturm kann man auch eine Küstenwanderung starten, www.ville-granville.fr

Le Mont-St-Michel – Stellplatz Parkplatz GPS 48°37'50"N; 001°30'26"W;
Die Nähe zur weltberühmten Attraktion zeichnet den riesigen Schotterparkplatz aus. Nur 400 Meter sind es zum Klosterberg. Über den Damm erreicht man den kostenpflichtigen Parkplatz. Bis zum Jahr 2012 soll der Damm einer Brücke weichen und dann wird ein neuer Parkplatz am »Festland« geschaffen, www.ot-montsaintmichel.com

Campingplatz »Camping du Mont-Saint-Michel« GPS 48'36'58'N; 001°30'36"W;
Auf einer ebenen Wiese und unter schattigen Bäumen steht man auf dem Campingplatz. Zur Klosterinsel sind es rund 2 km: Tel. 02 33 66 22 10, www.le-mont-saint-michel.com

3 TOUR DE BRETAGNE – MIT DEM ATLANTIK AUF TUCHFÜHLUNG

Spektakuläre Küste und malerische Städte

Start- und Endpunkt: Le Mont-Saint-Michel und Vannes **Strecken:** diverse Straßen **Beste Jahreszeit:** April bis Oktober **Zeitraum:** 14–21 Tage **Streckenlänge:** 600 bis 650 km

Diese »Tour de Bretagne« gehört zu den schönsten Routen, die man in Frankreich unternehmen kann. Ausgangspunkt ist die weltberühmte Klosterinsel Le Mont-St.-Michel und nach wenigen Kilometern erreicht man dann die erlebenswerte Region Bretagne. Naturerlebnisse an der spektakulären Küste sind ebenso garantiert wie die Freude über die vielen historischen Städte. Die Liste der grandiosen Städte reicht von Saint-Malo über Tréguier, Morlaix und Quimper bis hin zur Stadt Vannes am Golf von Morbihan. Abseits der sehenswerten Städte locken traumhafte Strände und so manche unvergessliche Küstenwanderung. In der Bretagne macht das Camping Spaß, denn glücklicherweise ist das Netz von Camping- und Stellplätzen flächendeckend gut.

Zahlreich sind die schönen Fischerdörfer in der Bretagne.

Die westliche französische Region Bretagne besticht in erster Linie durch ihre grandiose Küste und ihr grünes Binnenland. Die reizvollen Orte mit ihren prächtigen Altstädten finden auf Anhieb Gefallen. Viele Campingplätze liegen nahe der Küste und vielfach in der Nähe der attraktiven Orte. Stetig nimmt die Zahl der Stellplätze für Wohnmobile zu.

In der Region Bretagne leben fast drei Millionen Menschen und geographisch gesehen ist sie eine Halbinsel im Atlantik. Die Bretagne gliedert sich in die fünf Départements: Ille-et-Vilaine, Loire-Atlantique, Morbihan, Côtes-d'Armor und Finistère. Die Hauptstadt der Bretagne ist Rennes.

Bis zur Mitte des 16. Jahrhunderts war die Bretagne ein eigenständiges Herzogtum und heute noch ist die kulturelle Identität der Bretonen sehr stark ausgeprägt. So wird Bretonisch als eigene Sprache weiterhin von einer großen Zahl der Bewohner gesprochen. Auch viele Straßen- und Ortsschilder zeigen den bretonischen und den französischen Namen an. Bei der Reise durch die Bretagne stößt man immer wieder auf eindrucksvolle Zeugnisse der Geschichte. Riesige Steinsetzungen erzählen von einer Besiedlung die 4000 bis 7000 Jahre zurückliegt. Rund um Carnac, im Süden der Bretagne, wurden tausende grob gehauene, große »Hinkelsteine«, die sogenannten Menhire in kilometerlangen Reihen aufgestellt. Kultur- und Naturinteressierte kommen in der Bretagne auf ihre Kosten. Wer jedoch einen Badeurlaub machen möchte, findet zwar eine Vielzahl reizvoller Strände an der rund 1200 km langen Küstenlinie vor, allerdings laden Wassertemperaturen im Sommer von bescheidenen 16 °C bis 20 °C nur zu einem kurzen Bad ein. Eine Alternative sind einige tolle Küstenwanderwege. Dabei blickt man auf eine Küstenlandschaft, deren Bild sich durch die Gezeiten stets verändert. An einigen Stellen beträgt die Differenz zwischen Ebbe und Flut beachtliche 14 Meter. Verständlich ist daher, warum in der Nähe von Dinard das einzige Gezeitenkraftwerk der Welt gebaut wurde – nur eine von vielen Attraktionen im lohnenswerten Bretagne-Urlaub.

Diese Reise beginnt mit dem Besuch der weltberühmten Klosterinsel Le Mont-St-Michel, die nur wenige Kilometer östlich der Bretagnegrenze in der Normandie vom Meer umspült wird. Auf einen Besuch sollte man auf keinen Fall verzichten! Die entsprechenden Infos über dieses Highlight erhält man in der Routenbeschreibung »Route 2 – Normandie«.

Start
Le Mont-St-Michel
976 8 km
N176 11 km
Dol-de-Bretagne
St-Samson
155 2 km
Mont Dol
22 km
155
76
Cancale
6 km
Pointe du Grouin

Die berühmte Klosterinsel »Le Mont-St-Michel« ist der Ausgangspunkt einer schönen Reise.

Nach dem empfehlenswerten Besuch verlässt man Le Mont-St-Michel über die D976. Nach 8 km geht es in westliche Richtung über die N176 weiter. Willkommen in der Bretagne bzw. in dem Departement Ille-et-Vilaine! Auf der gut ausgebauten Straße kann man zügig fahren und nach 19 km erreicht man den Ort Dol-de-Bretagne mit der sehenswerten Kathedrale St-Samson. Hier setzt der Reisemobilist seine Fahrt über die D155 in nördliche Richtung fort. Nach zwei Kilometern erreicht er den Mont-Dol, das Gegenstück zum vorher besichtigten Le Mont-St-Michel. Allerdings thront dieser 65 Meter hohen Felsen schon lange nicht mehr im Meer. Im Mittelalter wurde das feuchte Umland trockengelegt. Von der Spitze des Berges hat man einen grandiosen Ausblick auf die flache Landschaft und das nahe liegende Meer sowie die einladende Stadt Cancale.

Über die D155 erreicht man nach wenigen Kilometern das Meer, fährt durch kleine Orte und über die D76 bis nach Cancale, das von Dol-de-Bretagne 22 km entfernt ist.

Cancale

Cancale ist über die Grenzen der Bretagne hinaus für seine Meeresfrüchte und die vielen Fischrestaurants am Hafen bekannt. Direkt aus dem Meer landen die frischen Delikatessen auf den Tellern der vielen Gäste. Beliebt sind vorrangig die Austern aus Cancale, die u.a. direkt am Hafen erhältlich sind. Wer in den einladenden Restaurants zu viel gegessen hat, kann die überschüssigen Kalorien auf den 189 Treppenstufen hinauf zum Turm der Pfarrkirche Saint-Méen abtrainieren. Von dort hat man einen herrlichen Ausblick auf die schöne Küste und den Hafen.

Rund 6 Kilometer nördlich befindet sich mit dem Pointe du Grouin ein markanter Aussichtspunkt inmitten einer reizvollen Küstenlandschaft. Über die D201 geht es weiter. Die schöne Küstenstraße entlang der Smaragdküste bietet grandiose Ausblicke auf die Küste und so manchen einsamen Strand.

» TIPP

Austern schlürfen

Sicherlich sind die glibberigen Meeresbewohner nicht jedermanns Sache. Wer in der Bretagne unterwegs ist, kommt in fast jedem Hafen an einem Austernstand vorbei, kauft sie im Fischgeschäft oder man bestellt sie von der Karte im Fischrestaurant. Am besten probiert man sie direkt am Verkaufsstand am Hafen. Dort werden sie mit dem Messer geöffnet und der Meeresfrüchte-Liebhaber kann sie roh mit etwas Zitrone schlürfen. Für viele Reisende ist das Schlürfen nicht immer eine »Geschmackssache«, sondern ein gern zelebriertes Urlaubsritual.

Côte d'Emeraude – Smaragdküste

Einer der eindrucksvollsten Landstriche der Bretagne ist die Smaragdküste. Sie erstreckt sich im Norden der Bretagne am Golf von St-Malo. Die zerklüftete steile Felsküste mit idyllischen Sandstränden prägt das Landschaftsbild. Vorgelagert sind viele kleine Inseln und markante Felsen, wie das »Cap Fréhel« oder der »Pointe de St-Cast«, die ein herrliches Panorama bieten. An den Klippen brüten Seevögel und oberhalb der Felsen komplettiert eine artenreiche und blühende Flora das fotogene Bild.

Über die grandiose Küstestraße D201 gelangt man durch den kleine Ort Rothéneuf. Hier ziehen die Fantasiefiguren am Strand des Badeortes alle Blicke auf sich. Die rund 300 Figuren wurden von dem Geistlichen Adolphe Julian Fourre in den Fels gemeißelt. Von Rothéneuf sind es nur 6 km bis nach St-Malo. Am besten steuert man direkt den ausgeschilderten Wohnmobilstel platz (an der Pferderennbahn) an und fährt mit dem Gratisbus in das imposante Stadtzentrum.

St-Malo – die alte Korsarenstadt

St-Malo ist ein »Muss« im Bretagne-Urlaub und gehört zweifelsfrei zu der interessantesten Städten des Landes. Innerhalb der mächtigen Mauern der Altstadt herrscht noch ein wenig Seefahrerromantik, auf den Mauern freut man sich über die Bänke in der Sonne und den fantastischen Fernblick. Doch außerhalb der Mauern lernt man eine weitere schöne Seite der Stadt kennen, denn hier kann man am feinen Sandstrand relaxen. Rund 48 000 Menschen leben in St-Malo, dessen Stadtgebiet sich heute innerhalb der Stadtmauern (Ville Close) und natürlich weiträumig außerhalb der Altstadt erstreckt. Die Bürger St-Malos, die sogenannten »Malouins« sind überwiegend in den Branchen Schifffahrt, Fischfang und Tourismus tätig. Die Stadt blickt zurück auf eine ereignisreiche Geschichte:

Saint-Malo lag auf einem von der Brandung umspülten Felsen, der jedoch durch einen Damm, dem »Sillon« mit dem Festland verbunden wurde. Im Mittelalter, im Jahr 1142 ließ der erste Bischof den Dom errichten, gründete ein Fürstentum, das durch riesige Festungswälle Schutz erhielt. Ein wichtiger Hafen entstand und ein reger Handel wurde mit anderen Hansestädten betrieben. Die geschäftige Hafenstadt hat berühmte Söhne hervorgebracht, unter denen Jacques Cartier der bekannteste ist. Er segelte 1534 von St-Malo aus nach Nordamerika und den

Bei Ebbe kann man trockenen Fußes das »Fort National« von St-Malo erreichen.

St. Lorenzstrom entlang. Er entdeckte Kanada und natürlich glaubte auch er zunächst den asiatischen Kontinent erreicht zu haben. Seine Entdeckungsreisen wurden vom französischen König gefördert. Ein weiterer berühmter Sohn der Stadt ist der Freibeuter Robert Surcouf (1773–1827), der im Auftrag des Königs als gefürchteter Seeräuber auf den Weltmeeren unterwegs war. Nicht nur Surcouf, sondern viele weitere »Korsaren« handelten im Auftrag des Königs und versetzten die Seefahrer in Angst und Schrecken. Die Korsaren zogen mit dem offiziellen Befehl des Königs Louis XIV. aus, um Frachtschiffe zu kapern und mit reicher Beute einzulaufen. Durch das Hissen der Totenkopfflagge deuteten die Korsaren unmissverständlich ihre Absicht an. Der Begriff Korsar leitet sich vom italienischen Wort »corsa« ab. Es bedeutet Rennen und bezieht sich auf das schnelle Einkreisen der gegnerischen Schiffe. Neben den gefürchteten Korsaren wurde jedoch auch ein friedfertiger Sohn der Stadt berühmt. Es ist der Politiker und Dichter François René Châteaubriand (1768–1848), der mit seinen Werken entscheidend die Romantik beeinflusste.

Die lohnenswerte Erkundung der Altstadt sollte man auf den Stadtmauern beginnen. Der rund zwei Kilometer lange Rundweg bietet Blicke in die prächtige Altstadt »Ville Close«. Danach steigt man die Stufen hinunter und spaziert durch die Gassen. Die engen Gassen und alten Häuser täuschen darüber hinweg, dass die Altstadt durch verheerende Bombenangriffe im Zweiten Weltkrieg (1944) zu großen Teilen zerstört wurde. Glücklicherweise stellte man beim Wiederaufbau der Stadt ihr Erscheinungsbild des 18. Jahrhunderts wieder her. Durch das Stadttor St-Vincent gelangt man »intra-muros« und merkt auf Anhieb, dass bei den Bretagne-Urlaubern die Stadt ganz hoch im Kurs steht. Viele Besucher bevölkern die zahlreichen Restaurants und Straßencafés, bevor sie sich durch die lebendigen Gassen, vorbei an schönen Patrizierhäusern Richtung Kathedrale St-Vincent aufmachen. Auch dieses Gotteshaus wurde 1944 zerstört und anschließend originalgetreu wiederhergestellt. Sie verfügt über das Grab des Seefahrers Jacques Cartier. Neben dem Stadttor St-Vincent erstreckt sich das viertürmige Schloss (15. Jh.), in dessen Wehrturm heute das Stadtmuseum untergebracht ist. Dieses »Musée de la Ville« informiert über die abwechslungsreiche Stadtgeschichte und natürlich über das Leben und Wirken der Korsaren. Darüber hinaus ist in dem Schloss eine Antiquitätensammlung und die sehenswerte Galerie »Quic-en-

Vor den mächtigen Stadtmauern von St-Malo haben unzählige Yachten festgemacht.

Groigne« mit einem Wachsfigurenmuseum zu bewundern. Einen Steinwurf entfernt befindet sich das packende Meeresmuseum »Grand Aquarium de Saint-Malo«. Natürlich kann man hier in vielen Becken unzählige Fischarten beobachten. Außerhalb der befestigten Altstadt steht das Fort National, das 1689 erbaut wurde. St-Malo ist für viele Besucher auch ein Sprungbrett zu den englischen Kanalinseln Guernsey und Jersey, die von Ausflugsschiffen angelaufen werden. Wer lieber mehrere Tage in St-Malo bleiben möchte, freut sich sicherlich über das a ljährliche Musikfestival »Route du Rock« (Mitte August).

» TIPP

Meerwasserbecken
Eine kostenlose Attraktion der besonderen Art ist das Meerwasserbecken vor der befestigten Altstadt (Ville Close) von Saint-Malo. Bei Flut wird das Becken gefüllt und durch anhaltenden Sonnenschein (leicht) erwärmt. Hier kann man seine Bahnen schwimmen oder von den Sprungtürmen in das klare Wasser springen.

Die eindrucksvolle Korsarenstadt St-Malo verlässt der Reisemobilist über die D168 in Richtung Dinard und erreicht die Mündungsbucht des Flusses Rance. Man fährt über den Staudamm und parkt an dem in der Welt (noch) einmaligen Gezeitenkraftwerk. An der Rancemündung herrscht ein gewaltiger Tidenhub von bis zu 14 Metern. Bereits 1966 wurde das Gezeitenkraftwerk in Betrieb genommen, in dem die einströmenden und ausströmenden Wassermassen die Turbinen antreiben. Ein Informationszentrum informiert über das überwiegend umweltfreundliche Kraftwerk. Vom Kraftwerk sind es nur wenige Kilometer nach Dinard.

Dinard

Das Seebad Dinard zählt zu ältesten Bädern der Bretagne und ist besonders bei den Engländern beliebt. Während Mitte des 19. Jahrhunderts das »Hôtel de Dinard« das einzige Hotel war, ist die Zahl der Unterkünfte kontinuierlich gestiegen und so kann heute auch ein großer Touristenansturm bewältigt werden. Neben den prächtigen Villen und einem

Ruhiger und wärmer als der Atlantik ist das Meerwasserbecken von St-Malo.

St-Malo
Ville Close
Kathedrale St-Vincent
Schloss
Musée de la Ville
Quic-en-Groigne
Grand Aquarium de Saint-Malo
168
Gezeitenkraftwerk
11 km
Dinard
Musée de la Mer
Musée de la Pomme

Zerklüftete Küste am Cap Fréhel.

gern besuchten Casino verfügt Dinard auch über den ältesten Tennisverein (1879) und den zweitältesten Golfclub (1888) des Landes. Die Gäste erfreuen sich in erster Linie an den feinen Sandstränden wie dem »Plage de l'Écluse«. Weitere Highlights sind das Meeresmuseum »Musée de la Mer« und das Museum »Musée de la Pomme et du Cidre«, das über die Verarbeitung der Äpfel zum Apfelwein (Cidre) und zum Apfelschnaps (Calvados) informiert und so manchen Bretagne-Reisenden auf den »Geschmack bringt«.

» SEHENSWERT

Das Cap Fréhel ist eines der eindrucksvollsten Kaps der bretonischen Küste. Vom Parkplatz führt ein rund 1,5 km langer Fußweg durch die Heidevegetation zu dem imposanten Felsen. Der fast 70 Meter hohe Sandsteinfelsen steht an der Smaragdküste und trotzt den hohen Wellen. Der Ausblick auf die zerklüftete Küste ist atemberaubend. Ornithologen erfreuen sich an den vielen Seevogelarten und Botaniker sind begeistert von der Pflanzenvielfalt unter denen auch Orchideen zu finden sind. Ins Auge sticht der gelbe Stechginster.

Nach den lebhaften und pulsierenden Städten St-Malo und Dinard dürfte sich jeder Wohnmobilreisende auf das bevorstehende Naturerlebnis freuen. Über die D168 erreicht man das Département Côtes d'Armor. Hier ist man auf der D768 unterwegs und fährt durch Martignon (Campingplatz) bis zum kleinen Ort Fréhel und dann die D34/D34A in nördliche Richtung bis zum markanten und erlebenswerten Cap Fréhel.

Wiederum ist es eine grandiose Panoramastraße, die den Reisemobilisten zum Schwärmen verleitet, denn die D34A verläuft in südwestliche Richtung oberhalb der Küste und erlaubt herrliche Ausblicke aus dem Fahrerhaus. Nach wenigen Kilometern stößt man links auf einen Campingplatz sowie einen Parkplatz und rechts auf einen traumhaften Sandstrand. Im weiteren Verlauf geht es über die D786, D17A und wiederum D786 und die N12 nach St-Brieuc. In der Bretagne gibt es zahlreiche weitaus schönere Orte. Wer jedoch Lust auf einen Stadtrundgang hat, wird sich über die guten Einkaufsmöglichkeiten, die alten Fachwerkhäuser aus dem 15. und 16. Jahrhundert freuen und sicherlich der Kathedrale (13.–14. Jh.) einen Besuch abstatten.

St-Brieuc verlässt der Reisende über die N12 in nordwestliche Richtung und gelangt im weiteren Verlauf auf die D786. Rund 15 Kilometer nach St-Brieuc lohnt sich der Aufenthalt in Binic. Der Badeort mit dem tollen Stellplatz ist für Reisemobilisten eine gute Adresse.

Binic – schöner Badeort

Binic liegt an der Mündung des Flusses Ic, an dessen Ufer sich schöne Häuser gruppieren. Bevor die Touristen das Hafenstädtchen zu ihrem Urlaubsziel auserwählten, war Binic ein bedeutender Fischereihafen. Von hier legten in Frankreich die ersten Fischer ab, um Kabeljau zu fischen. Hierbei liefen sie Richtung Island und sogar Neufundland aus. Das Heimatmuseum »Musée de Binic« informiert u. a. über den einstig bedeutsamen Fischfang. Die Kutter und Trawler machen heute nicht mehr in Binic fest, stattdessen laufen die Wasser-

sportler in einem der größten Jachthäfen der Nordbretagne ein und aus. Heute hat sich der Ort dem Fremdenverkehr verschrieben und so hat der Urlauber keine Probleme, das passende Restaurant zu finden. Den Tag kann man in einer der netten Kneipen ausklingen lassen. Insgesamt bieten sich zum Sonnenbaden drei Strände an. Im Ort erstreckt sich mit dem »Plage de la Blanche« der Hauptstrand, der mit Meerwasserbecken und Umkleiden gut ausgestattet ist. Bei Ebbe muss zum Wasser allerdings weit gelaufen werden.

» SEHENSWERT

Klosterruine
Einen Steinwurf von der Küste entfernt, befindet sich die Ruine des Klosters »Abbaye de Beauport«. 1202 wurde das Kloster errichtet. Es war im Mittelalter ein bedeutendes Handelszentrum und die Mönche legten Deiche an und bauten einen Hafen. Im Kloster konnten englische Pilger übernachten. Während der Französischen Revolution wurde das Kloster verlassen und es verfiel allmählich. Rund um die Ruine finden sich noch erhaltene Bauwerke, in denen wechselnde Ausstellungen gezeigt werden. Das Kloster ist von einem herrlichen Garten umgeben und abends wird es beleuchtet (www.abbaye-beauport.com).

Relaxt und erfrischt wird die Reise fortgesetzt. Über die D786 erreicht man zunächst den empfehlenswerten und nahe gelegenen Rastplatz »Aire de Chapelle« mit Bänken und schöner Aussicht über die »Bucht von St-Brieuc«. Von Binic erreicht man nach rund 30 km die erlebenswerte Hafenstadt Paimpol. Am Ortseingang geht es rechts ab zur Klosterruine. Nach dem Besuch stellt man sein Wohnmobil auf einem der beiden Stellplätze ab und nimmt die schöne Stadt unter die Lupe.

Paimpol

Im Hafenbecken tummeln sich die Jachten, am Kai haben kleine Fischkutter festgemacht, Besucher schlendern am Hafen vorbei und steuern die Altstadt mit ihren gemütlichen Gassen und Plätzen an: das ist die Hafenstadt Paimpol. Gerne besucht man den authentischen Ort, der heute auf Fremdenverkehr, Wassersport, Austernzucht und im Umland auf Gemüseanbau setzt. Mitte des 19. Jahrhunderts bis in das Jahr 1935 war der Dorschfang vor der Küste Islands und Neufundlands ein wichtiger Erwerbszweig. Alljährlich verließen 40–50 Schoner den Hafen – viele Schiffe schluckte die raue See. Eisenbahnfreunde werden an der historischen Eisenbahn ihre

Binic ist ein idyllischer Badeort.

Dinard
Musée de la Mer
Musée de la Pomme
168 768 24 km
Martignon
Fréhel
34 34A
Cap Fréhel
786 17A 786 N12
St-Brieuc
N12 786 15 km
Binic
Heimatmuseum
Plage de la Blanche
786 30 km
Paimpol
Abbaye de Beauport
Île de Bréhat

Schöne Schiffe haben im Hafen von Paimpol festgemacht.

Die bretonische Küste bietet immer wieder fotogene Ausschnitte.

Freude haben. Der rund 100 Jahre alte Zug verkehrt zwischen Paimpol und Pontrieux (Mai bis September). Nicht nur mit dem historischen Zug kann man das Umland entdecken, sondern auch mit der Fähre. Sie bringt den Urlauber auf die schöne autofreie Insel »Île de Bréhat«. Die Fähre legt in Port-Clos an und von dort kann man eine schöne Wanderung rund um die rote Felseninsel unternehmen. Das milde Klima ist für die einzigartige üppige Vegetation verantwortlich und so gedeihen hier u.a. Oleander, Feigen und Mimosen.

Mit einem ernst gemeinten »Au Revoir« verlässt der Reisemobilist über die vertraute D786 die Stadt Paimpol. Eine Brücke führt über die lang gezogene Mündung des Flusses Trieux. Von der Brücke hat man einen guten Blick auf den Ort Lézardrieux (10 km). Nach weiteren 10 km durch ein Gemüseanbaugebiet erreicht man den begeisternden Ort Tréguier, einen der schönsten Fleckchen in der Bretagne. Am Hafen unterhalb der Altstadt kann man parken und seine Entdeckungstour beginnen oder man steuert direkt den ausgeschilderten und ruhigen Stellplatz an.

Tréguier – das einstige geistige Zentrum der Bretagne

Sie gehört zu den schönsten Städten der Bretagne und der Besucher wird sofort in den Bann der mittelalterlichen Altstadt gezogen. Am Hafen machen bereits die alten Türme aus Naturstein und historische Fachwerkhäuser neugierig. Dann schlendert man die Straße zur mächtigen Kathedrale hinauf. Alte Häuser, die viel über die Geschichte der Stadt erzählen können, säumen die Straße. Im 6. Jahrhundert ließ sich der walisische Mönch Tugdual hier nieder und gründete das Kloster Landreger, an der Stelle der heutigen Kathedrale. Gegenwärtig gehört Tugdual zu den sieben heiligen Gründungsvätern der Bretagne. Im 13. und 14. Jahrhundert erlebte die Stadt ihren Aufschwung und 1485 wurde eine der ersten französischen Buchdruckereien in Betrieb genommen. Die Stadt entwickelte sich zu einem Brennpunkt für Philosophie. Um 1500 erschien hier das Catolicon, das erste Wörterbuch in Lateinisch, Französisch und Bretonisch. Im 14. und 15. Jahrhundert wurde ein Großteil der Kathedrale errichtet, der Hastingturm stammt jedoch aus dem 11. Jahrhundert. Im Inneren des sakralen Bauwerkes beeindrucken die Glasfenster und das Grabmal des Heiligen Yves, der 1253 in der Nähe von Tréguier geboren wurde. Er ist der Schutzpatron der Armen und Juristen. Am dritten Sonntag im Mai kommen die Pilger in den Ort und strömen zu seinem Grab, unter ihnen auch viele Juristen. Vor der Kirche befindet sich der idyllische Platz »Place du Martray« um den sich malerische kleine Häuser scharen und auf den Bänken treffen sich die Einheimischen zu einem Plausch. Auf dem Platz steht das Standbild, das an den großen Sohn Ernest Renan (1823–1892) erinnert. Nur wenige Schritte entfernt befindet sich das Geburtshaus des Wissenschaftlers und Theologen. In dem mehr als 300-jährigen Fachwerkhaus ist heute ein Museum untergebracht, das sich dem Leben und Werk von Renan widmet. Sein Hauptwerk »Vie de Jesus« beschreibt das Leben von Jesus und gehörte zu den umstrittenen Werken. Vor den Toren der Stadt, in dem kleinen Waldstück »Bois de Poète« findet man das Grab des bretonischen Dichters Anatole Le Braz (1859–1926).

Nach 5 Kilometern über die D786 erreicht man die D6, der man 15 Kilometer lang bis nach Perros-Guirec (Campingplatz) folgt. Mit dem lebendigen Touristenzentrum erreicht man auch die »Côte de Granit Rose«, die rosa Granitküste. In Perros-Guirec gehört lediglich die Kirche St-Jacques aus dem 12. Jahrhundert und ein Wachsmuseum zu den Sehenswürdigkeiten. Ein Casino und das Zentrum für Thalassotherapie machen den Urlaub kurzweilig. Während der blühende Urlaubsort mit den beiden Stränden »Trestignel« und »Testraou« die Leute zum Sonnenbaden und zu einem erfrischendem Bad im Atlantik animiert, spricht die landschaftlich reizvolle Küs-

» SEHENSWERT

Wandern an der Granitküste

Dies wird ein unvergessener Tag! Mit mäßiger Anstrengung geht es vom Strand Testraou über den Zöllnerpfad, den »Sentier des Douaniers« immer an der Küste entlang. Am westlichen Ende der Promenade des Strandes geht der Pfad hinauf. Er führt oberhalb der felsenreichen Küste entlang und bietet schöne Ausblicke. Nach rund 2 Kilometern sieht man jedoch die Felsformationen, die das Bild der Granitküste ausmachen. Bizzare, kantengerundete Felsen, die teilweise aufeinanderliegen, in dunkler rosa Farbe lassen das Herz des Hobbyfotografen höher schlagen. Im weiteren Verlauf gelangt der Wanderer direkt an das Ufer und an einen kleinen Strand. Hier erheben sich vor ihm die auftürmenden Felsen, das Felsenchaos von Ploumanach und später erreicht man am Pointe du Château, ein Häuschen, das zwischen den Felsen gebaut wurde. Abseits der Felsen erstreckt sich eine schöne Heide- und Ginsterlandschaft.

Paimpol
Abbaye de Beauport
Île de Brôhat
786 10 km
Tréguire
Kathedrale
786 *Altstadt*

Der Zöllnerpfad führt durch die atemberaubende Landschaft der rosa Granitküste.

Tréguire
Kathedrale
786 *Altstadt*
5 km
6
15 km
Perros-Guirec
Trestignel
Testraou
Wanderung
786
10 km
Lannion
7 km
St-Efflam
Badestrand
Morlaix
Château de Taureau
Eisenbahn-Viadukt
Laternenhäuser
Musée des Jacobins
Zigarrenfabrik
N12 10 km
St-Thégonnec
Renaissance-Glockenturm
Pfarrhof

Granitküste

te den Wanderer an. Wer es bequemer haben möchte, unternimmt eine Fahrt mit dem Ausflugsschiff zu der vorgelagerten Inselgruppe Sept-Île, die für ihre außergewöhnliche Fauna bekannt ist, denn hier ist nicht nur der Lebensraum zahlreicher Seevogelarten, sondern auch Zwergpinguine oder Kegelrobben bevölkern die Felsen.

Nach der Wanderung kann man sich beim Bad am breiten Strand von Testraou noch einmal erfrischen, bevor man über die D786 den Badeort wieder verlässt. Über die Straße erreicht der Reisemobilist nach 10 Kilometern zunächst den Ort Lannion und kommt nach 17 Kilometern im Örtchen St-Efflam an. Am breiten Sandstrand der Bucht von Lannion (Baie de Lannion) tummeln sich nicht nur Badegäste, sondern die Strandsegler rasen mit Surfsegel und drei Rädern über den festen ebenen Sand. Nach wenigen Kilometern erreicht man das westlichste bretonische Département Finistère und die sehenswerte Stadt Morlaix.

Morlaix

Morlaix ist eine attraktive Hafenstadt. Sie liegt jedoch nicht an der Küste, sondern 15 Kilometer im Binnenland und verfügt über einen geschützten Hafen. Bereits im Mittelalter wurden hier Waren umgeschlagen und die Herstellung von Leder und Tüchern war bedeutsam. Die Namensgebung basiert auf einer kuriosen Geschichte, denn im Juli 1522 drangen 60 englische Schiffe in die Bucht ein. Die feindlichen Engländer besetzten die Stadt, vertrieben die Bürger und plünderten die Geschäfte, Wohnhäuser und schließlich einen Weinkeller. In dem Keller erfreuten sie sich an dem Wein und betranken sich besinnungslos. Die Bewohner kehrten jedoch zurück und warfen die macht- und kraftlosen Briten in das Hafenbecken. Hierbei riefen sie: »S'ils te mordent, mord-les!« (»Wenn sie dich beißen, dann beiße sie!«). Aus dem »mordles« hat sich dann der Stadtname Morlaix entwickelt. Nach diesem geschichtsträchtigen Ereignis wurde 20 Jahre später die Festung »Château de Taureau« am Eingang zum Hafen gebaut, damit sich ein derartiges Ereignis nicht wiederholt.

Heute gehört Morlaix zu den sehenswerten Städten der Bretagne. Bedeutendstes und auffälligstes Bauwerk ist das alles überragende Eisenbahn-Viadukt, das auf mächtigen Pfeilern steht. Immerhin hat es eine Höhe von 58 Metern und eine Länge von 258 Metern und wurde bereits 1861 gebaut. Es ist ein Teil der wichtigen Bahnverbindung von Paris nach Brest. Unterhalb des Viaduktes befindet sich der lebhafte Platz »Place des Otages«, wo auch das prächtige Rathaus (1900) steht. Über eine Treppe erreicht man die spätgoti-

Der Strand von St-Efflam ist bei den Strandseglern und Badegästen sehr beliebt.

Das Eisenbahn-Viadukt prägt das Stadtbild von Morlaix.

sche Kirche St-Mélaine. Die reizvolle Altstadt zeigt sich mit einer Vielzahl von alten Fachwerkhäusern von ihrer schönsten Seite. Der Baustil einiger Häuser stand unter spanischem Einfluss und so wurden die so genannten »Laternenhäuser« gebaut. Diese »Maisons à la Laterne« verfügen über einen überdachten Innenhof, eine beeindruckende Außentreppe und dekorative Fassaden. Ein schönes Bauwerk ist das »Maison de la Reine Anne« (15. Jh.) am Marktplatz. Einen Besuch wert ist das Stadtmuseum »Musée des Jacobins«, das in der ehemaligen Jakobinerkirche aus dem 15. Jahrhundert untergebracht ist und bretonische Volkskunst und Gemälde zeigt. Ebenfalls interessant ist eine Besichtigung der Zigarrenfabrik »La Manufacture de Cigares«, in der seit dem 19. Jahrhundert Zigarren hergestellt werden. Heute verlassen rund 300 Mio. Zigarren jährlich die Fabrik.

Zügig fährt das Wohnmobil über die zweispurige Nationalstraße N12 zur 10 km entfernten Stadt St-Thégonnec, die über einen guten Stellplatz verfügt. In dem kleinen Ort ist der imposante Pfarrbezirk das Aushängeschild der Stadt.

Die rund 40 Kilometer lange Etappe führt zunächst über die N12 in westliche Richtung und dann über die D30 in südliche Richtung. Von der landschaftlich reizvollen D30 geht es für ein kurzes Stück, westlich von der Ortschaft Sizun, auf die D764 und dann über die D18 bis nach Le Faou. Der kleine Ort mit einem ursprünglichen Ortskern bietet eine Park- und Pausenmöglichkeit am Ende der

» SEHENSWERT

Pfarrbezirk Saint-Thégonnec

Es scheint, als hätte Saint-Thégonnec den Wettkampf um den schönsten Kirchhof gewonnen. Denn der repräsentative und kunstvoll gestaltete Kirchhof gehört zu den schönsten in der Bretagne. Durch ein Triumphtor betritt der Besucher die umfriedete Pfarrei und steht vor der Kirche Notre-Dame mit einem einzigartigen Renaissance-Glockenturm (1626). Auf dem Kirchhof zieht der Calvaire von 1610 sofort die Blicke auf sich. 40 Figuren stellen hier Passionsszenen dar. Bretonische Steinmetze schufen Figuren unter denen die beiden Figuren, die Jesus schlagen, die ausdrucksstärksten sind. Im Beinhaus aus dem 17. Jahrhundert geht man hinunter in die Krypta und steht vor lebensgroßen Holzfiguren, die eindrucksvoll die Grablegung Jesus darstellen. In der Kirche kann ebenfalls ein imposantes Inventar bestaunt werden, wie der Rosenkranzaltar (17. Jh.) oder der filigran geschnitzte Hochaltar.

schmalen Bucht Faou und einen Naturcampingplatz. Im Süden von Le Faou erreicht man die Straße D791, die in westliche Richtung über die Halbinsel Crozon führt. Zunächst ist die Strecke sehr kurzweilig, da der Reisende vielfach auf die herrliche Bucht blickt. Dann geht es über die Brücke Pont de Térenez (eine neue Brücke ist im Bau), die über den Fluss Aulne führt, weiter geht es über die D791 und später über die D887. 27 km nach Le Faou erreicht man den Ort Crozon.

Halbinsel Crozon – Presqu'île de Crozon

Wie ein Kreuz ragt die Halbinsel Crozon in den Atlantik hinein. Im Norden umschließt sie die Bucht von Brest und im Süden die Bucht von Douarnenez. Sie stellt den westlichsten Teil des riesigen Naturschutzgebietes Parc naturel Régional d'Armorique. Das einmalige Landschaftsbild mit wilder, felsiger Küste und den reizvollen Buchten mit herrlichen Sandstränden macht die Halbinsel zu den schönsten Abschnitten der Bretagne. Über das flachwellige Gelände verteilen sich Weideland, Heiden und kleine Waldstücke. Höchste Erhebung ist der Berg Ménez-Hom mit 330 Metern im Osten der Halbinsel. Neben den Urlaubsorten wie Crozon, Morgat und Camaret-sur-Mer mit ihren Sehenswürdigkeiten stellen die Klosterruinen des »Abbaye de Landévennec«, das bereits im Jahr 485 von dem walisischen Mönch Guénolé gegründet wurde, eine Attraktion dar. Das benachbarte Museum informiert anschaulich über die Christianisierung des Landes.

Crozon

Crozon hat nicht nur der Halbinsel den Namen gegeben, sondern stellt auch ein regionales Versorgungszentrum dar. Die Stadt liegt rund 2 Kilometer nördlich der Küste und bietet rund um die Kirche St-Pierre ein nettes Ortszentrum. Über einen wahren Schatz verfügt die Kirche, denn im Inneren kann man einen geschnitzten Altaraufsatz bestaunen. Er wurde im 17. Jahrhundert gefertigt und erzählt mit mehr als 400 Figuren die Geschichte der Soldaten der Thebäischen Legion, die unter Kaiser Hadrian mit aller Macht zum Christentum bekehrt wurden.

Von Crozon ist es nur ein Katzensprung zum Badeort Morgat. Der kleine Ort hat schon lange einen guten Ruf bei den Urlaubern, die sich in erster Linie über den schönen Strand freuen. Auch Wassersportler zieht es nach Morgat, die dort Segeln, Surfen oder Tauchen können. Eine landschaftliche Attraktion sind die Grotten von Morgat, die man mit dem Ausflugsschiff erreicht. Sie reichen bis zu 90 Meter in den Felsen und begeistern mit tollen natürlichen Lichtspielen. Beeindruckt wird der Urlauber auch von den vielen prächtigen Villen sein, bevor er sich dann wieder in sein wohnliches Reisemobil zurückzieht.

Von Crozon sind es über die D10 in westliche Richtung nur 10 km bis zum erlebenswerten Ort Camaret-sur-Mer. Auf halber Stre-

Abseits der Küste der Halbinsel von Crozon bestimmen u. a. Weiden das Landschaftsbild.

Wassersportaktivitäten werden in Camaret-sur-Mer groß geschrieben.

cke sollte man jedoch an der Bucht Anse de Dinan eine Pause einlegen. Hier liegen in Neopren gehüllte Enthusiasten auf ihrem Wakeboard und warten auf die perfekte Welle. Dann heißt es Aufstehen, Ausbalancieren und sich von der hohen Welle Richtung Strand tragen lassen. Ein großer Spaß (auch beim Zuschauen)! Nach wenigen Kilometern erreicht man die Stadt Camaret-sur-Mer, den westlichsten Punkt der Reise. Der tolle Stellplatz, das nette Städtchen mit dem geschützten Sandstrand und schließlich die vielen Restaurants sind Gründe genug, mehrere Tage hierzubleiben.

Camaret-sur-Mer

Der freundliche Urlaubsort bietet landschaftliche Attraktionen und ein nettes Hafenstädtchen gleichermaßen. Einst war Camaret ein bedeutender Langustenhafen und im Jahre 1801 verließ hier das erste U-Boot den Hafen. Konstruiert wurde es von dem amerikanischen Ingenieur R. Fulton. Heute verlassen hier überwiegend Segelboote, Motorboote und in bescheidener Zahl Fischerboote den Hafen. Einige Kutter wurden auf den natürlichen Damm Sillon heraufgezogen und verfallen dort. Der Naturdamm mit dem »Kutterfriedhof« umschließt den Hafen und gibt ausreichend Schutz. Auf engstem Raum scharen sich hier die interessante Kapelle »Notre Dame de Rocamadour« und die Festung »Tour Vauban«. In dem zu Beginn des 17. Jahrhunderts errichteten Kirchenbauwerk bestechen das Tonnengewölbe und der Altar von 1694. In diesem Jahr wurde auch der Kirchturm bei einem verheerenden Angriff der Engländer und Holländer zerstört. Nebenan steht die kleine Festung »Tour Vauban«, die der königliche Baumeister ab 1689 erbauen ließ. Im Inneren ist ein übersichtliches Museum untergebracht, das sich der Seefahrt widmet. Geht der Reisende den Damm zurück, wird er sich beim Passieren des schönen und geschützten Strandes »Plage de Correjou« die Frage stellen, ob er nun sein Badelaken am Strand ausbreiten möchte oder weiter in die Stadt geht. Hierbei passiert man am Hafen die lange Häuserzeile, an der sich unzählige Restaurants aneinanderreihen. Gerne werden hier Fischgerichte und natürlich Muscheln bestellt. Aber auch aktiv kann man seinen Urlaubstag in Camaret verbringen, denn westlich der Stadt verläuft ein Küstenwanderweg oberhalb der grandiosen Küste. Auch Wassersportler kommen auf ihre Kosten und können z. B. mit einem Katamaran segeln. Bequemer ist man mit dem Ausflugsschiff unterwegs. Westlich der Stadt (neben dem Stellplatz) befindet sich ein Feld aus Menhiren. Sie sind der Rest eines riesigen Megalith-Feldes, das aus ursprünglich 800 Steinen bestand. Nur 200 Meter, Richtung Küste befindet sich die Ruine des kleinen

Morlaix
Château de Taureau
Eisenbahn-Viadukt
Laternenhäuser
Musée des Jacobins
Zigarrenfabrik
N12 10 km
St-Thégonnec
Renaissance-Glockenturm
Pfarrhof
N12 30 764 791 23 km Sizun Le Faou
Halbinsel Crozon
887 27 km
Crozon
Klosterruine St-Pierre
↔ Morgat
Grotten von Morgat
10 5 km
Bucht Anse de Dinan
5 km
Camaret-sur-Mer
Kapelle Notre-Dame de Rocamadour
Festung Tour Vauban
Schloss Manoir de St-Pol Roux
8 *Badestrände*
Wassersport
887
Tal-ar-Groas
887 3 km ↔ *Berg Ménez Hom*
83 2 km
887
Ste-Marie-du-Ménez-Hom
Chapelle Sainte-Marie-du-Ménez

Picknick auf dem Aussichtsberg Ménez-Hom.

- Ste-Marie-du-Ménez-Hom
  Chapelle Sainte-Marie-du-Ménez
- 47
- 63
- Plonévez
  Kirche
- 63 4 km
- Locronan
  Historische Altstadt
- 63 16 km
- 39
- Quimper
  Cathédrale St-Corentin
  Le Musée Breton
  Centre d'Art Contemporain Le Quartier

Rechte Seite: Die Kathedrale von Quimper ist stets ein stolzer Blickfang.

Schlosses »Manoir de St-Pol Roux«. Durch die Dünen geht man hinunter zum Strand »Plage de Pen Hat«. Hier ist das Baden sehr gefährlich und daher verboten. Entschädigt wird der Reisende durch den grandiosen Ausblick: in nördliche Richtung sieht man das Kap »Pointe du Toulinguet« in südliche Richtung erblickt man vorbei an schroffen Felswänden das Kap »Pointe de Pen Hir«. An kaum einer anderen Stelle hat man einen ähnlich imposanten Ausblick.

Sicherlich ausgeruht und zufrieden verlässt der Reisemobilist den Ferienort Camaret-sur-Mer. Über die D8 geht es wieder zurück. Man passiert Crozon und bleibt nun auf der D887. Nach der Ortschaft Tal-ar-Groas folgen zwei schöne Rastplätze mit Blick über die Agrarlandschaft. Hier werden Getreide und Gemüse angebaut. Kühe weiden auf saftigen Wiesen, Bäume und Hecken lockern das Landschaftsbild auf. In südliche Richtung blickt man von der Straße auf das Meer und vor dem Reisemobilisten liegt der Berg Ménez-Hom.

Hinunter geht es wieder über die D83 bis zur D887. Nach 2 Kilometern erreicht man das Dorf Ste-Marie-du-Ménez-Hom. 50 Meter nach der Kirche kann geparkt werden. Den interessanten Pfarrbezirk der Kirche »Chapelle Sainte-Marie-du-Ménez« betritt man durch ein Tor. Schönstes Inventar ist die prunkvolle Altartafel.

Nach der sehenswerten Kirche biegt man rechts ab und folgt der D47 und im weiteren Verlauf der D63. Die hügelige Strecke bringt den Reisenden in den Ort Plonévez mit besuchenswerter Kirche und Stellplatz. Die D63 führt dann über den nächsten Hügel und nach 4 km kommt man in dem höchst interessanten Ort Locronan an, der am Ortseingang und Ortsausgang jeweils einen Stellplatz bietet.

» TIPP

Ménez-Hom

Von der D887 führt die D83 hinauf auf die Kuppe des Berges. Rund 3 Kilometer fährt man durch ein Heidegebiet und gelangt auf den ausreichend großen Parkplatz. Aus einer Höhe von 330 Metern hat man einen fantastischen Rundumblick. Hier schweifen die Blicke über die Küste, die flachwellige Landschaft und das lange Mündungsgebiet des Flusses Aulne. Auf der lediglich mit Gräsern und Sträuchern bewachsenen Kuppe sollte man ein wenig spazieren gehen und ein Picknick machen.

Locronan

In der Bretagne sind die Städte mit einem historischen Ortskern zahlreich und nach der Reise muss der Urlauber lange überlegen, welcher Ort nun der schönste war. Sicherlich kommt Locronan mit seiner autofreien Altstadt in die engere Auswahl, denn das Stadtbild hat sich seit dem 16. bis 18. Jahrhundert kaum verändert. Daher ist es verständlich, dass der Regisseur Roman Polanski den Roman »Tess« hier verfilmte. Die schönen Gassen mit den grauen Granithäusern münden auf dem alten Marktplatz vor der Kirche St-Ronan (15. Jh.). Im Inneren erzählt die Predigtkanzel vom Leben des Heiligen Ronan, dessen Grabmahl von 1430 nebenan in der Kapelle »Chapelle du Pénity« zu finden ist. Er lebte vermutlich im 6. Jahrhundert als Eremit in den benachbarten Wäldern und vollbrachte zahlreiche Wunder. Alljährlich findet am zweiten Sonntag im Juli eine große Wallfahrt zu Ehren des Heiligen statt. Ob Pilger oder Stadtbesucher, beide werden gleichermaßen von dem Örtchen begeistert sein. Einst verdienten die Bürger durch die Herstellung von Segeltüchern ihr Geld – heute überwiegend durch Tourismus. So stößt man in den alten Granithäusern auf nette Restaurants sowie Souvenirläden und Kunsthandwerk.

Von Locronan sind es lediglich 16 Kilometer zu einer weiteren tollen Stadt. Über die D63 und D39 erreicht der Wohnmobilist die lebendige Stadt Quimper.

Quimper

Obwohl Quimper etliche Kilometer landeinwärts liegt, hat es durch eine schmale Bucht einen Zugang zum Meer. Rund 60 000 Menschen leben in dieser schmucken Stadt, die über einen historischen Stadtkern mit engen Gassen und vielen Fachwerkhäusern verfügt. Ein Produkt der Stadt sind die bekannten blau-weiß gestreiften Marinepullis der Marke Amor-Lux und auch Keramikwaren werden gerne gekauft.

Quimper ist ein bischöflicher und herzöglicher Sitz und die Hauptstadt des Département Finistère. Sie ist eine typisch bretonische Stadt und lädt zum Bummeln in der

Quimper
Cathédrale St-Corentin
Le Musée Breton
Centre d'Art Contemporain Le Quartier
N165
23 km
70
Concarneau
Ville Close
Fischereimuseum
Kutter »Hémérica«

schmucken Altstadt ein. Die »Rue Kéréon« ist die lebhafteste Straße mit vielen Läden. Sie bietet stets einen guten Blick auf die gotische Kathedrale, die man auf jeden Fall besichtigen sollte. Das Gotteshaus ist im wahrsten Sinne des Wortes das herausragendste Bauwerk und von weither an den beiden schlanken Kirchtürmen zu erkennen. Mit dem Bau der »Cathédrale St-Corentin« wurde bereits im 13. Jahrhundert begonnen. Im Laufe der Jahrhunderte wurde sie immer wieder verändert, so wurden die schönen Glasfenster in der Galerie im 15. Jahrhundert fertiggestellt, die beiden spitzen Türme erhielt sie erst im 19. Jahrhundert. Im Inneren begeistern Werke französischer Maler des 18. und 19. Jahrhunderts sowie der Granitaltar in der Apsiskapelle aus dem Jahr 1295, die Alabasterstatue Johannes des Täufers, der Hochaltar und die Kanzel. Die Besichtigung sollte man direkt nebenan im umfangreichen Heimatmuseum »Le Musée Breton« fortsetzen. Die Ausstellungen widmen sich den Themen regionale Geschichte, Trachten, Keramiken und Möbel. Ein ebenfalls sehenswertes Museum ist das »Centre d'Art Contemporain Le Quartier« mit zeitgenössischer Kunst. Bleibt noch Zeit, so sollte man sich die Markthalle »Halles St-François« anschauen. Hier ist das Angebot

» SEHENSWERT

Fischereimuseum
Der Fischfang und die Fischverarbeitung der Hafenstadt, die über eine Fischfangflotte von rund 150 Booten verfügt, prägt auch heute noch den Alltag vieler Bürger Concarneaus. Spannend wird in dem Fischereimuseum »Musée de la Pêche« (Ville Close) die Geschichte des Fischfangs auf immerhin 1500 m^2 erzählt. Höhepunkt des lohnenswerten Museumsbesuchs ist nach dem Gang durch die alte Mauer die Besichtigung des 34 Meter langen Kutters »Hémérica«.

an frischem Obst, Gemüse, Käse, Fleisch und Fisch sehr groß. Der neuere Teil der Stadt entstand im 19. Jahrhundert und erstreckt sich entlang des Flusses Odet.

Abseits der Küste führt die N165 in südöstliche Richtung und später erreicht man über die D70 die Hafenstadt Concarneau (23 km). Ein großer Parkplatz, der auch als Reisemobil-Stellplatz (Gratisbus) dient, ist ein guter Ausgangspunkt, um die einzigartige Altstadt zu entdecken.

Concarneau

Die Hafenstadt Concarneau bezeichnet sich selber als »die Perle des Ozeans« und be-

Die Altstadt von Concarnau lockt mit ihren schönen Gassen zahlreiche Gäste an.

sticht durch ihre Lage. Rund 20 000 Menschen wohnen mittlerweile im Westen der großen Bucht »Baie de la Forêt«. In Concarneau drehte und dreht sich alles um den Fischfang und die Fischverarbeitung. Wer durch die malerischen Gassen der befestigten Insel »Ville Close« spaziert, erkennt unschwer, dass der Fremdenverkehr ein weiteres wirtschaftliches Standbein ist. Wer sich für die Fischerei interessiert, ist hier richtig, denn hier laufen die Trawler ein, die in afrikanischen Gewässern oder im Indischen Ozean Fisch insbesondere Thunfisch gefangen haben. In den Fischkonservenfabriken wird der Fisch verarbeitet und in der Auktionshalle versteigert. Für Touristen werden auch Führungen im Hafen angeboten und natürlich kann man auch mit Booten zum Fischfang rausfahren. Die wahre Perle der Stadt ist »Ville Close«, die durch mächtige Mauern geschützte Altstadt auf einer Insel. Sie erreicht man über einen kurzen Damm und dort schlendert man durch rausgeputzte Gassen vorbei an Crêperien, Eisdielen, Restaurants, Souvenirgeschäften und interessanten Läden. Einige Läden bieten ein unglaubliches Sortiment an den köstlichen bretonischen Backwaren. Spätestens hier sollte man den leckeren Butterkuchen »Kouign Amann« probieren. Teilweise kann man auch auf der mächtigen Mauer (Remparts) aus dem 14. bis 16. Jahrhundert laufen. Nach dem Schlendern über das historische Kopfsteinpflaster locken Urlaubsfreuden, wie die Fahrt mit dem Ausflugsschiff zu den Glénan-Inseln oder es bietet sich ein Strandbesuch an. Am westlichen Stadtrand lohnt sich ein Strandaufenthalt z. B. an dem schönen bewachten Standabschnitt »Les Sables Blancs«. In Concarneau ist auch eines der größten bretonischen Volksfeste zu Hause. So wird am vorletzten Sonntag im August ausgiebig das Festival »Filets Bleus« gefeiert. Höhepunkt des Festes der »blauen Fischernetze« ist der Umzug in Trachtenkleidung. Abends sind dann die bretonischen Instrumente wie Binious, Dudelsäcke oder Bombarden beim sogenannten Triumph der Bläser (triomph des sonneurs) zu hören.

Bilderverkauf in der Oberstadt von Auray.

Mit neuen Erkenntnissen über den Fischfang, Dudelsack-Musik im Ohr oder mit aufgefrischter Sommerbräune nach dem Strandbesuch geht es weiter in östliche Richtung. Die D783 führt durch Trégunc weiter bis Pont Aven (14 km). Hier lockern Bäume und Buschhecken das sonst eintönige Bild des hügeligen Weide- und Ackerlandes auf. Vor Pont-Aven lädt rechts der Straße ein Rastplatz zum Pausieren ein. Danach stattet man dem Örtchen einen Besuch ab. Es liegt an der

Die Menhire rund um Carnac lassen viele Fragen offen.

» SPECIAL

Dolmen und Menhire

Rund um Carnac stehen mehr als 4000 Dolmen und Menhire. Die Geschichte der aufgestellten Steine, die dem ein oder anderen auch als Hinkelsteine von Obelix bekannt sind, geht wahrscheinlich 4000 bis 7000 Jahre zurück. Bis heute haben die Wissenschaftler keine abschließende Erklärung gefunden. Menhire sind grob gehauene Steine, die oft einige Meter hoch und mehrere hundert Kilo schwer sind. Dolmen sind ein Ensemble von vier Tragsteinen mit einem darüberliegenden Deckstein. Ungeklärt ist, ob bei den jungsteinzeitlichen Steinsetzungen ein Zusammenhang zu den Gestirnen besteht. Auch für Fruchtbarkeitssymbole hat man sie schon gehalten oder man nimmt an, dass sie als Prozessionswege oder heilige Straßen angelegt wurden. Wahrscheinlich markieren die Dolmen eine Grabstätte. Sicher ist jedoch, dass zum Aufstellen der Steine mehrere Personen benötigt wurden und aufgrund der hohen Anzahl der Steine müssen sich hiermit Organisationen befasst haben. Mittlerweile sind die meisten megalithischen Anlagen umzäunt, denn durch »Steinklettern«, hinterlassenen Müll und durch Trampelpfade wurden diese historischen und erhaltenswerten Stätten beschädigt. Immerhin zieht es alljährlich rund eine Million Besucher zu den sehenswerten Stätten. Die aneinandergereihten Steine bilden eine Art Steinallee, eine sogenannte »Alignement«. Zu den bedeutendsten oft kilometerlangen Alignements gehören die »Alignements du Ménec« mit über 1100 Steinen und die »Alignements de Kermario«, mit großem Parkplatz und Picknickgelände. Über die vorgeschichtliche Zeit informiert das ansprechende Museum »Musée de Préhistorie« im Ortszentrum von Carnac. Hier sind natürlich unzählige archäologische Funde zu bewundern, (www.museedecarnac.fr). Zu den weiteren sehenswerten megalitischen Anlagen gehört eine Stätte bei Locmariaquer (ca. 15 km östlich) mit dem einst größten Menhir. Er hatte eine stattliche Größe von 20,6 Metern – ist jedoch umgestürzt und in vier Teile zerbrochen.

Mündung des Flüsschens Aven und entwickelte sich zu einem Künstlerstädtchen. Ab 1865 trafen sich hier Maler von Rang und Namen, unter ihnen war Paul Gauguin der prominenteste Vertreter. Heute stöbern die Kunstinteressierten in den zahlreichen Galerien oder besuchen das Kunstmuseum »Musée des Beaux-Arts«. Über die D783 erreicht der Reisemobilist das Örtchen mit dem schönen Namen Quimperlé (17 km) mit der sehenswerten romanischen Kirche St-Croix, die bereits 1083 errichtet wurde. Über die gut ausgebaute Nationalstraße N165 verlässt man das landschaftlich reizvolle Département Finistère und ist fortan in dem Département Morbihan unterwegs. Die N165 umfährt nördlich die Stadt L'Orient, mit dem einstig bedeutenden Hafen für den Handel mit den Kolonien. Von L'Orient ist das nächste Ziel, die schöne Stadt Auray, rund 35 km entfernt (Stellplatz am Schwimmbad).

Auray

Auray gehört zu den schönsten Städten der Bretagne und liegt am Fluss Loch, im Nordwesten des Golfes von Morbihan. Durch die Oberstadt von Auray geht es allmählich hinunter zum Hafen St-Goustan am Fluss Loch. Er ist seit dem Mittelalter ein lebendiger Hafen und heute schlägt hier das Herz der Stadt. Über die alte Steinbrücke gelangt man zum Quai Franklin. Im Haus Nummer 8 hielt sich 1776 der Mitverfasser der amerikanischen Unabhängigkeitserklärung auf. Er führte die wichtigen Verhandlungen mit Frankreich. Bis zu Beginn des 20. Jahrhunderts liefen zahlreiche Schiffe den Hafen an und schlugen ihre Ware um. Heute schlendern die begeisterten Stadtbesucher an den alten Fachwerk- und Steinhäusern aus dem 15. und 16. Jahrhundert vorbei und gönnen sich ein Menü in einem der vielen Restaurants. Überragt wird der Stadtteil von der gotischen Kirche St-Sauveur. Den schönsten Blick auf das malerische Häuserensemble hat man von der »Promenade du Loch«. Kleine Serpentinen führen zur ehemaligen Burg hinauf. Hier wurde Anfang des 13. Jahrhunderts eine Burg errichtet, die jedoch 1526 abgetragen wurde. Während sich die Urlauber am Hafen tummeln, taucht der Reisende nahezu unerkannt in das Alltagsgeschehen in der Oberstadt ein.

Von Auray geht es über die D768 zunächst in südwestliche Richtung und abzweigend über die D781 nach Carnac (15 km; Stellplatz!).

Carnac

Der freundliche kleine Badeort Carnac erstreckt sich an der großen Bucht »Baie de Quiberon«, im Windschatten der großen gleichnamigen Halbinsel. Carnac ist auch für seine Austernzucht bekannt. Frische Austern kann man u.a. am Hafen schlürfen. Neben den guten Restaurants und den schönen Stränden machen vor allem unzählige prähistorische Zeugnisse den Besuch lohnenswert. So gehört die Besichtigung der riesigen Felder mit Dolmen und Menhiren zum Pflichtprogramm einer Bretagne-Reise.

Sicherlich haben sich die Menschen in der Jungsteinzeit nach dem kräftezehrenden Aufstellen der unzähligen Menhire nicht auf der Halbinsel Quiberon ausgeruht, wie es heute die Touristen mit Vorliebe tun. Von Carnac kann man über die D781 und die D786 problemlos die lang gezogene Halbinsel erreichen. Hier stehen einige Camping- und Stellplätze bereit.

Halbinsel Quiberon

Die rund 15 Kilometer lange und teils sehr schmale Halbinsel »Presqu'île de Quiberon« zeigt zwei Gesichter. Die Côte Sauvage mit ihrer felsigen und zerklüfteten Küste an der Westküste ist dem Wind und den Wellen schutzlos ausgesetzt. Im Osten bietet sich im Schatten der Brandung und des Windes ein gegensätzliches Bild mit schönen Sandstränden und seichtem Wasser. Mit einer Vielzahl von Campingplätzen und sonstigen Beherbergungsbetrieben ist die Insel bestens für den Fremdenverkehr gerüstet. Das Wetter ist ein Garant für einen schönen Sommerurlaub, denn mit rund 2000 Sonnenstunden im Jahr gehört die Halbinsel zu den sonnenreichsten Regionen des Landes. Während es eher gemütlich in dem Örtchen St-Pierre-Quiberon zugeht, herrscht in Quiberon ein ausgepräg-

Concarneau
Ville Close
Fischereimuseum
Kutter »Hémérica«
783 Trégunc
14 km
Pont Avent
Kunstmuseum
783 17 km
Quimperlé
St-Croix
N165
35 km
Auray
St-Sauveur
768
15 km
781
Carnac
Dolmen und Menhire
781
786
Halbinsel Quiberon
Strände
40 km
768
N165
Vannes
Ziel
Jardins des Remparts
Schmetterlingspark
Musée d'Archéologie
Kathedrale
Altstadt
Golf von Morbinan
Schiffsausflüge

Reisemobil stehen lassen und wandern! Westlich von dem Ort Quiberon lohnt sich die Wanderung entlang der schroffen Küste.

» TIPP

Schiffsausflug durch den Golf von Morbihan

Der Golf von Morbihan wirkt wie ein eigenständiges Gewässer und hat eine immense Größe von 12 000 ha. Daher ist es verständlich, warum Mor-Bihan in der bretonischen Sprache »Kleines Meer« bedeutet. Bei Ebbe nimmt die Wasserfläche um rund zwei Drittel ab. Dann bestimmt der braune Schlick das Landschaftsbild. Bei Flut entfaltet der Golf seine landschaftlichen Reize und zeigt sich mit unzähligen bewaldeten Inseln und schönen Buchten von seiner schönsten Seite. Eine Entdeckungsreise lohnt sich mit dem Ausflugsschiff. Rund zwei Kilometer südlich der Stadt befindet sich der Anleger »Gare Maritime«. Hierbei kann man zwischen vielen unterschiedlichen Routen wählen. Die beiden schönen Inseln »Île d'Arz« und »Île aux Moines« werden ebenfalls angesteuert und Landgänge sind hier eingeplant. Die Île aux Moines ist wegen ihrer subtropischen Pflanzenwelt bekannt.

ter Fremdenverkehr. Um den Strand und den Hafen reihen sich Restaurants und Kneipen. Ruhiger wird es erst wieder auf dem reizvollen Küstenwanderweg. Neben dem Wandern bieten sich auch einige Wassersportaktivitäten an. Das Spektrum reicht vom Paddeln mit dem Seekayak, Surfen, über das Katamaransegeln und das Strandsegeln bis hin zum Tauchen. Aber auch Radfahren lohnt sich auf der Insel (Vermietung in Quiberon). Vom Hafen in Quiberon (Gare Maritime) werden auch Schiffsfahrten zu den Inseln Belle-Île, Houat und Hoedic angeboten.

Gut erholt führt die letzte Etappe der Reise auf der bretonischen Halbinsel zur vielseitigen Stadt Vannes, am Golf von Morbihan. Die Route zur rund 40 km entfernten Stadt verläuft zunächst über die Halbinsel Quiberon und das Festland über die D768 bis nach Auray und über die N165 erreicht man Vannes. Hier hat der Reisende zum Ende der Tour eine sehenswerte Stadt, eine interessante Landschaft und schließlich mit »Camping de Conleau« einen guten Stell- bzw. Campingplatz.

Vannes

Die reizvolle Küstenstadt Vannes ist von Angriffen im Zweiten Weltkrieg verschont geblieben und so schließt der Stadtbesucher die quirlige, historische Stadt sofort in sein Herz. Vannes ist der Hauptort des Département Morbihan und zählt rund 43 000 Einwohner. Bereits die Kelten haben sich an der tief in das Land ragenden Bucht niedergelassen. Zu einem wichtigen Datum der Stadtgeschichte gehört das Jahr 1532. In diesem Jahr wurde in Vannes die Union des Herzogtums Bretagne mit Frankreich unterzeichnet. Inmitten der alten Stadtmauern ist die Zahl der historischen Bauwerke sehr hoch und teils farbenfrohe Fachwerkhäuser sind ein beliebtes Fotomotiv. Zwischendurch hat man ausreichend Gelegenheit eine Pause in einem der zahlreichen Straßencafés einzulegen. Vor dem alten Stadttor Porte St-Vincente und dem Hafenbecken sitzt man gemütlich. Das Studium der Stadtkarte und des Reiseführers verrät dann, wohin es anschließend gehen soll. Zu den Sehenswürdigkeiten der Stadt gehört in erster Linie die beeindruckende »Cathédrale St-Pierre«, deren Bau nach einer 600-jährigen Bauzeit erst im 18. Jahrhundert beendet wurde. Sie gehört zu den wenigen Renaissancebauwerken der Bretagne und verfügt über die Reliquien des Heiligen Vinzenz. Er starb 1419 während einer Andacht. Links vor dem Portal des Gotteshauses gelangt man auf den kleinen Platz »Place Henri IV«, der von prächtigen Fachwerkhäusern umgeben ist. Ein weiteres beachtliches Gebäude ist das Rathaus (Hôtel de Ville) am »Place Marchais«, das 1862 im klassizistischen Stil erbaut wurde und durch eine grandiose Fassade besticht. Vor der alten Stadtmauer erstreckt sich die schöne Parkanlage »Jardins des Remparts«. Zwei Kilometer südlich der Altstadt befindet sich das Aquarium, das mit vielen Becken über die Flora und Fauna des Meeres informiert. Nebenan lohnt sich der Besuch des »Le Jardin aux Papillons«. In diesem »Schmetterlingspark« wimmelt es nicht nur von umherfliegenden Schmetterlingen, sondern auch exotische Pflanzen, Palmen und Bananenstauden sind hier zahlreich. Wer sich für Archäologie interessiert, sollte das »Musée d'Archéologie« aufsuchen, das in dem ehemaligen Parlamentsgebäude, dem beeindruckenden »Château Gaillard« aus dem 15. Jahrhundert untergebracht ist. Besonders reizvoll ist im Juli und August der Stadtspaziergang, dann sind die wichtigsten Bauwerke raffiniert beleuchtet und einige Gebäude können dann auch zu später Stunde besichtigt werden.

Farbenfrohe Fachwerkhäuser stehen in der malerischen Altstadt von Vannes.

» PRAKTISCHE HINWEISE

Touristeninformationen

Saint Malo: Office de Tourisme, Esplanade St-Vincent, 35400 Saint Malo, Tel. 08 25 13 52 00, www.saint-malo-tourisme.com

Quimper: Office de Tourisme, Place de la Résistance, 29000 Quimper, Tel. 02 98 53 04 05, www.quimper-tourisme.com

Quiberon: Office de Tourisme, 14, Rue de Verdun, 56174 Quiberon, Tel. 08 25 13 56 00, www.quiberon.com

Vannes: Office de Tourisme de Pays de Vannes, 1, Rue Thiers, 56039 Vannes, Tel. 08 25 13 56 10, www.tourisme-vannes.com

Camping- und Stellplätze

Cancale – Stellplatz GPS: 48°40'10"N; 001°51'59"W;
Der ebene Schotterplatz befindet sich rund 300 Meter vom Meer entfernt, in der Nähe des Hafens »Port de La Houle«, www.ville-cancale.fr

Saint Malo – Stellplatz an der Pferderennbahn GPS: 48°38'37"N; 001°59'34"W;
Bereits bei der Ortseinfahrt sieht man die Schilder, die zum großen Wohnmobil-Stellplatz führen. Er befindet sich neben der Pferderennbahn. Auf ebenen Schotterflächen steht man hier und fährt mit dem kostenlosen Bus in das sehenswerte Stadtzentrum, www.saint-malo-tourisme.com

Martignon – Campingplatz Le Vallon aux Merlettes GPS: 48°25'30"N; 002°17'49"W;
An der D13 an der Ortsausfahrt Richtung Lamballe befindet sich der schöne und gut ausgestattete Campingplatz, Tel. 02 96 41 11 61, www.camping-martignon.com

Binic – Stellplatz GPS: 48°36'01"N; 002°50'07"W;
Nur 500 Meter vom Ortszentrum und Strand ist der ruhig gelegene Stellplatz entfernt. Er bietet Schotterplätze und natürlich Ver- und Entsorgungsmöglichkeiten, www.ville-binic.fr

Paimpol – Stellplatz GPS: 48°47'03"N; 003°02'45"W;
Auf einem asphaltierten Parkplatz steht das Reisemobil rund 500 Meter von der Altstadt entfernt. Ein weiterer Stellplatz befindet sich in rund 150 Meter Entfernung. Dieser bietet Ver- und Entsorgungsmöglichkeiten. Die Plätze sind gut beschildert, www.paimpol-goelo.com

Tréguier – Stellplatz GPS: 48°47'25"N; 003°13'49"W;
Eine tolle Stadt und ein guter Stellplatz ist das, was sich Reisemobilisten wünschen. In Tréguier geht mit dem ebenen und ausgeschilderten Stellplatz, am Rand der sehenswerten Altstadt, der Wunsch in Erfüllung: www.paysdetreguier.com

Saint-Thégonnec – Stellplatz GPS: 48°31'20"N; 003°56'45"W;
Rund 400 Meter vom sehenswerten Pfarrbezirk ist der Stellplatz entfernt. Hier freut man sich über ebene parzellierte Stellplätze. Die Ver- und Entsorgungsstation befindet sich auf der anderen Straßenseite.

Camaret-sur-Mer – Stellplatz Aire Communale Camping Car GPS: 48°16'30"N; 004°36'27"W;
Der tolle Stellplatz lädt zum längeren Verweilen ein. Rund 300 Meter ist er von der Küste entfernt, 100 Meter sind es zu einem Feld mit prähistorischen Menhiren und zum Stadtzentrum läuft man rund 1 km bergab. Die moderne Anlage verfügt über zahlreiche parzellierte und ebene Stellplätze, www.camaret-sur-mer.com

Locronan – Stellplätze
Am Ortseingang und am Ortsausgang gibt es jeweils einen Stellplatz. Sie sind ausgewiesene Bereiche des öffentlichen Parkplatzes. Zur sehenswerten Altstadt sind es nur wenige hundert Meter, www.locronan.org

Concarneau – Stellplatz »Avenue de la Gare« GPS: 47°52'43"N; 003°55'15"W;
Von der großen Straße »Avenue de la Gare« biegt man rechts auf den öffentlichen Parkplatz ab. Hier wurden Parkplätze für Wohnmobile eingerichtet. Leicht bergab führt die Straße zur befestigten Altstadt »Ville Close«, die man nach rund 1,5 km erreicht. Bequemer geht es mit dem kostenlosen Bus, www.ville-concarneau.fr

Auray – Stellplatz am Schwimmbad GPS: 47°39'55"N; 002°59'25"W;
Auf dem asphaltierten Parkplatz »Espace Culturell Athéna«, neben dem Schwimmbad steht der Reisemobilist nur 500 Meter von der Altstadt entfernt. Ein weiterer Stellplatz befindet sich im Stadtteil St-Goustan, in der Rue Saint-Sauveur, www.auray-tourisme.com

Quiberon – Stellplatz Aire de Camping Kerné GPS: 47°29'30"N; 003°08'21"W;
Neben dem Campingplatz »Camping municipal de Kerné« befindet sich der Stellplatz, rund 1,5 km westlich des Ortes Quiberon. Er bietet ebene Stellplätze und einen Meerblick. An dem tollen Küstenabschnitt führt ein reizvoller Küstenpfad entlang, über den man auch nach Quiberon gelangt. Der Stellplatz ist im Ort ausgeschildert und die Zufahrt (D186) führt an der Küste entlang. Darüber hinaus stößt der Reisende auf der Halbinsel auf 12 weitere Campingplätze, www.quiberon.com

Carnac – Stellplatz Parkplatz GPS: 47°35'07"N; 003°04'57"W;
Zur Altstadt von Carnac ist es nur ein Katzensprung vom Stellplatz. Hier steht man unter Bäumen auf einer teilweise geneigten Asphaltfläche, www.carnac.fr

Vannes – Campingplatz »Camping de Conleau« GPS: 47°38'05"N; 002°46'48"W;
Der gut ausgestattete Campingplatz bietet Stellplätze auf dem Campinggelände mit Rasenflächen oder einen abgetrennten asphaltierten Bereich für Reisemobilisten. Nur wenige hundert Meter sind es zur Insel »Île de Conleau«, die durch Freibad und Meerbad einen hohen Freizeitwert besitzt. Vor dem Campingplatz ist direkt eine Bushaltestelle (kostenloser Bus in die Altstadt!), Tel. 02 97 63 13 88, www.marie-vannes.fr

Campingplatz »Camping de Conleau« in Vannes.

4 ENTLANG TRAUMHAFTER SCHLÖSSER AN DER LOIRE

Eine abwechslungsreiche Reise durch den »Garten Frankreichs«

Start- und Endpunkt: Nantes und Orléans **Strecken:** D723, D751, D763, D723, D952, D751, D947, D751, D16, D17, D39, D7, D751, D31, D40, D764, D52, D965, D951, D84, D112B, D951, D925, N152
Beste Jahreszeit: April bis Oktober **Zeitraum:** 10–14 Tage **Streckenlänge:** 500–550 km

Eine herrliche Reise führt durch das Loiretal, in dem sich einst Herzöge und Könige des Landes prachtvolle Schlösser errichten ließen. Atemberaubende Prachtbauten wie Ussé, Azay-le-Rideau, Villandry, Chenonceau und natürlich Chambord gehören zu den Hauptattraktionen. Vorbei geht es in diesem »Garten Frankreichs« u. a. an Rebflächen, die Trauben für gute Weine liefern. Immer wieder stoppt das Wohnmobil an hochrangigen Sehenswürdigkeiten entlang des längsten französischen Flusses. So laden Höhlen zum Entdecken ein und auch Ausflüge mit dem Fahrrad oder dem Kanu sind möglich. Zwischen den vielseitigen Städten Nantes und Orléans fesseln gepflegte Städte mit bewegter Geschichte und reizvollen Altstädten den Besucher. In Amboise folgt man den Spuren Leonardo da Vincis und in Orléans wird die Geschichte der Nationalheldin Jeanne d'Arc, der »Jungfrau von Orléans« erzählt.

Blick von Champtoceaux über die Loire.

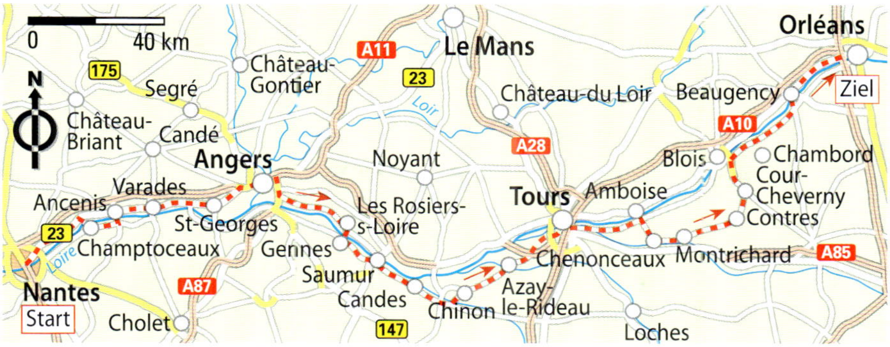

Start
- **Nantes**
  Schloss der Herzöge
  Sainte-Croix
  Kunstmuseum
  Naturwissenschaftliches Museum

723 30 km

- **Oudon**
  Donjon

Die Route beginnt in der Region »Pays de la Loire«, im Département »Loire-Atlantique« mit der Hafenstadt Nantes, die über mehrere Autobahnen zügig zu erreichen ist.

Nantes

In Nantes leben rund 270 000 Bürger und obwohl sie rund 50 Kilometer von der Küste entfernt ist, verfügt sie über den sechstgrößten Hafen Frankreichs. Sie war einst die Hauptstadt der Bretagne und ist heute der Regierungssitz der Region »Pays de la Loire«. Die lebhafte Metropole befindet sich an einer Verengung der Loire und dem Zusammenfluss von Erdre und Sèvre-Nantaise. Die Stadt ist aus der antiken Stadt »Namnetus« hervorgegangen und war bereits im Mittelalter eine blühende Hafen- und Handelsstadt. Der Überseehandel und leider auch der Sklavenhandel brachten der Stadt der Wohlstand.

Der Besucher freut sich heute über eine attraktive barocke Stadt, die reich an Sehenswürdigkeiten ist. Imposantestes Bauwerk ist das Schloss der Herzöge. Diese beachtliche Festung wurde im 15. Jahrhundert im Gotik- und Renaissancestil erbaut. Es verfügt über drei Museen: im »Musée des arts décoratifs« sind Keramiken, Möbel und Kunstgegenstände zu sehen; das »Musée des Salorges« zeigt Ausstellungen über die Seeschifffahrt der Stadt und im »Musée des arts populaires et régionaux« ist bretonische Volkskunst zu bewundern. Neben vielen weiteren Museen stößt man auf sehenswerte Bauwerke wie die Kathedrale Saint-Pierre, mit deren Bau bereits 1134 begonnen wurde und der erst 1893 mit der Fertigstellung der Apsis beendet wurde. Die schöne Fassade besticht durch ihre drei Portale und die vielen biblischen Figuren. Ein anderes nennenswertes sakrales Bauwerk ist die Kirche Sainte-Croix aus dem 17. Jahrhundert. Sie verfügt über ein schönes Portal im romanischen Stil. Ebenfalls beeindruckend ist das Rathaus (Hôtel de Ville), das einen Gebäudekomplex aus drei Bauwerken darstellt. Es wurde im 17. Jahrhundert errichtet und verfügt über Fassaden mit Renaissance-Arkaden und einem reizvollen Innenhof. Wer sich für weitere Museen interessiert, sollte das Kunstmuseum »Musée des Beaux-Arts« mit rund 2000 Gemälden oder das Naturwissenschaftliche Museum »Musée d'histoire naturelle« besuchen. Natürlich bietet die Universitätsstadt eine lebendige Kneipenszene, Restaurants für alle Geschmäcker und selbstverständlich eine Vielzahl interessanter Geschäfte. Besonders lohnenswert ist das Stöbern in der Passage Pommeraye aus dem 19. Jahrhundert.

Über die D723 verlässt der Reisende die lebendige Metropole und fährt in nordöstliche Richtung, einige Kilometer parallel zur Loire. Nach rund 30 Kilometern fährt man durch den Ort Oudon. Der auffällige Donjon wurde zwischen 1392 und 1415 errichtet. Wer Zeit hat, sollte den Blick von der Spitze des Turmes genießen. Von Oudon geht es über die Loire nach Champtoceaux und in das Département Maine-et-Loire. Das schmucke Örtchen bietet einen grandiosen Ausblick über die breite Loire. Hierbei stellt man das Wohnmobil auf den Stellplatz zwischen der Kirche Ste-Cécile und dem Schwimmbad ab und erreicht nach 100 Metern den Aussichtsbalkon »Promenade de Champalud«.

Im Laufe der Reise wird man an zahlreichen Stellen wieder auf die Loire stoßen. Über die D751 und in Liré über die D763 erreicht man nach 11 km die Loirebrücke, vor den Toren von Ancenis. Man steuert direkt auf die alte Festung zu. Ancenis befindet sich inmitten von Rebflächen, die Trauben für den guten Muscadet-Wein liefern.

Über die D723 erreicht der Reisende in östlicher Richtung nach 33 km den Ort St-Georges-sur-Loire und zwei Kilometer später führt die Straße direkt am sehenswerten Schloss Serrant vorbei. Hier heißt es rechts abbiegen, das Wohnmobil auf dem großen Parkplatz abstellen und dem reizvollen Schloss einen Besuch abstatten. Lediglich der alte Wassergraben erinnert an den vorherigen mittelalterlichen Bau. An der Stelle wurde 1546 mit dem Bau des heutigen Schlosses begonnen. Im Inneren wird der Besucher bei der Schlossführung insbesondere von der Möbelsammlung begeistert sein, die seit dem Jahr 2000 unter Denkmalschutz steht.

Die schmucke Altstadt von Nantes.

» SPECIAL

Die Loire

Mit genau 1012 Kilometer ist die Loire der längste Fluss des Landes und anders als man es vielleicht erwartet, ist sie nicht schiffbar. Zwar verkehrten im 19. Jahrhundert noch die Dampfschiffe auf dem Fluss. Sie mussten sich aber der Eisenbahn geschlagen geben und so wurde im Jahre 1900 die Schifffahrt eingestellt. Heute würden unzählige Sandbänke gefährliche Hindernisse für die Schiffe darstellen. Lediglich flache Fischerboote und zahlreiche Wassersportler mit ihren Kanus sind auf dem breiten Fluss unterwegs. Die Loire entspringt im Zentralmassiv auf einer Höhe von 1402 Metern und bahnt sich im Oberlauf durch enge Täler ihren Weg. Ihren nördlichsten Punkt hat die Loire bei Orléans. Im mittleren Bereich ist die Loire ein breiter Strom mit zahlreichen Flussinseln. Zu jeder Jahreszeit sind Hochwasser möglich. Insbesondere im späten Frühjahr, wenn im Zentralmassiv die Schneeschmelze einsetzt, tritt die Loire über die Ufer. Mit Loiretal bezeichnet man den Abschnitt zwischen Giens und Angers. Der 280 km Flussabschnitt zwischen Sully-sur-Loire und Chalonnes-sur-Loire wurde im Jahre 2000 in die Weltkulturerbeliste der UNESCO aufgenommen. Bei Saint-Nazaire fließen die Wassermassen in den Atlantik, davor erstreckt sich ein rund 50 Kilometer langer Mündungstrichter.

Rund 20 km sind es über die D723 zur Stadt Angers, deren Besuch lohnenswert ist (Stellplatz). Angers ist der Hauptort des Anjou, einer reizvollen Landschaft entlang und abseits der Loire. Das idyllische Landschaftsbild wird geprägt durch die Rebflächen sowie die Obstwiesen und Gemüsefelder.

Angers

Wer vor den gewaltigen Mauern des Schlosses steht, spürt auf Anhieb, dass es sich bei Angers um eine besondere Stadt handelt. Gleich nebenan am Place Kennedy steht die Touristeninformation, die viele Informationen über diese außergewöhnliche Stadt liefert. Die einstige Hauptstadt eines Königrei-

ches, das England und Frankreich einschloss, blickt auf eine ereignisreiche Geschichte zurück und war bereits von Kelten und Römern besiedelt. Heute ist Angers die Hauptstadt des Département Maine-et-Loire und eine lebendige Universitätsstadt, in der rund 150 000 Menschen leben. Die Stadt erstreckt sich zwischen den Flüssen Loire und Maine. Große Anziehungskraft auf die Reisenden übt die Altstadt mit ihren vielen Attraktionen aus. Wer über das historische Pflaster schlendert und neben den historischen Bauwerken auch die interessanten Museen besichtigen möchte, benötigt einen ganzen Tag. Beginnen sollte man mit dem wuchtigen Schloss, das im Auftrag von König Ludwig dem Heiligen zwischen 1230 und 1239 erbaut wurde. Gegen Ende des 16. Jahrhunderts sollte die trutzige Burg geschliffen werden, jedoch wurden nur die Dächer der 17 Türme abgetragen. Das Staunen setzt sich auch im Inneren fort, denn hier steht der Museumsbesucher vor dem Apokalypse-Wandteppich. Der 107 Meter lange und 5 Meter hohe Wandteppich wurde im 14. Jahrhundert geschaffen und erzählt die Apokalypse aus dem Johannes-Evangelium. Ebenfalls beachtliche Wandteppiche hängen in der gotischen Kathedrale Saint-Maurice, die man über altes Kopfsteinpflaster und eine lange Treppe erreicht. Sie wurde im 12. Jahrhundert errichtet und verfügt im Inneren neben einem sehenswerten barocken Hochaltar und kunstvoll geschnitzten Chorgestühl auch noch über einige Glasfenster aus dem 12. Jahrhundert. Natürlich kann man nach diesen beiden hochrangigen Sehenswürdigkeiten erst mal eine Pause einlegen und sich in einem der vielen Restaurants stärken oder sich den weiteren Highlights widmen. Hinter der Kathedrale steht das prächtige Fachwerkhaus »Maison Adam« (15. Jh.) mit geschnitztem Figurenschmuck. Kunst kann man in dem Museum der Schönen Künste und in der Galerie David d'Angers bewundern. In der Galerie sind die Hauptwerke des großen Sohnes der Stadt, dem Bildhauer David d'Angers (1788–1856) zu sehen. Textilkunst kann man im Museum Jean Lurcat, in einem ehemaligen Waisenhaus aus dem 17. Jahrhundert, bewundern. Rund 20 000 Studenten tragen u. a. im Sommer dazu bei, dass Kneipen und Straßencafés gut besucht sind. Ein Spektakel der besonderen Art ist das beliebte alljährliche Sommertheaterfestival. Abseits historischer Mauerwerke lohnt sich ein Spaziergang im schönen Park

Kunstvoll geschaffenes Portal der Kathedrale von Nantes.

Eingang zu einer interessanten »Höhlenwelt«, die Cave aux Moines.

»Jardin du Mail«. Einen Steinwurf entfernt befindet sich das Naturkundemuseum.

Die Großstadt Angers verlässt der Reisemobilist über die D952. Die Straße verläuft auf dem Deich, der einen wichtigen Hochwasserschutz bietet und reizvolle Blicke auf die breite Loire ermöglicht. Nach 20 km fährt man durch St-Mathurin-sur-Loire mit einer netten Häuserzeile entlang der Uferstraße. Nach 10 Kilometern erreicht man die Loirebrücke in Gennes oder fährt 4 km weiter bis zum Stellplatz in dem Loiredorf Saint-Clément-des-Levées. In jedem Fall führt die weitere Route in Gennes über die Brücke und nach 3 km stoppt das Wohnmobil in Cunault vor der Kirche.

» SEHENSWERT

Abteikirche »Notre-Dame de Cunault«

Diese romanische Abteikirche aus hellem Kalkstein gehört sicherlich zu den interessantesten Kirchen des Landes. Ältester Teil des Gotteshauses ist der Glockenturm aus dem 11. Jahrhundert. Im Inneren wirkt die Kirche zunächst sehr schlicht und unzählige Säulen tragen das Gewölbe. Beim Rundgang steht man fasziniert vor dem großen Schrein des Heiligen Maxentiolus (13. Jh.), der im 4. Jahrhundert die Christianisierung in Cunault vorantrieb und das Kloster gründete. Nicht nur Pilger zieht diese schöne Wallfahrtskirche an, sondern im Juli und August viele Musikliebhaber, die sonntags beim »Heures Musicales de Cunault« klassischer und moderner Musik lauschen.

Sicherlich noch tief beeindruckt von der imposanten Kirche erreicht man über die D751 nach wenigen Kilometern in Prébant eine Attraktion der besonderen Art, denn rechts der Straße blickt man auf die nackten Wände des Kalksteinmassivs, das sich entlang der Loire erstreckt. Der weiche Kalkstein wurde hier schon vor rund 1000 Jahren in dem Fels abgebaut und als Baumaterial unter anderen für die zahlreichen Burgen, Schlösser und Kirchen verwendet. Das entstandene Labyrinth diente als Wohnraum oder als Lagerstätte für den Wein. Heute verirren sich gerne die Touristen in den kühlen Kalksteingängen.

Die Route wird über die D751 fortgesetzt. In Chênehutte lockt ein Stellplatz direkt am Ufer und in St-Hilaire ein Champignonmuseum. Am Rande sei nur erwähnt, dass in den Zuchtbetrieben rund um Saumur jährlich etwa 200 000 Tonnen Speisepilze »produziert« werden. In St-Hilaire – St-Florent bietet sich auch links der Straße ein schöner Picknick-Platz am Fluss Le Thouet zum Pausieren an. Gestärkt tritt man dann die empfehlenswerte Stadtbesichtigung von Saumur an. Es ist rat-

Angers
Schloss
gotische Kathedrale Saint-Maurice
Maison Adam
Naturkundemuseum
Apokalypse-Wandteppich
952
20 km
St-Mathurin-sur-Loire
10 km
Saint-Clément-des-Levées
Gennes
3 km
Cunault
Abteikirche »Notre-Dame de Cunault«
751 3 km
Prébant
Kirche
La Cave aux Moines
751
Chênehutte
St-Hilaire
Champignonmuseum
Saumur
Schloss
Altstadt

sam direkt zum Schloss zu fahren und dort die Parkplätze zu nutzen. Von der Wiese unterhalb der Parkplätze ist der Ausblick über die Loire und die Stadt Saumur grandios.

Saumur

Saumur gehört zu den schönsten Städten entlang der Loire und trägt den Beinamen »Die Perle von Anjou«. Sie bietet alles, was sich der Stadtbesucher wünscht: ein prächtiges Schloss, eine schöne Altstadt mit lebendigen Plätzen, gute Einkaufsmöglichkeiten und Rückzugsräume im Grünen. Über die Regionsgrenzen ist Saumur für Sekt und Pferde bekannt, denn in den Sektkellereien reift der berühmte feinperlige Schaumwein und Reitvorführungen der renommierten Kavallerieschule stehen ebenso wie das prickelnde Getränk hoch im Kurs. Ein weiteres Aushängeschild der rund 30 000 Einwohner zählenden Stadt ist das Schloss. König Ludwig von Anjou veranlasste Mitte des 15. Jahrhunderts den Bau des Schlosses. Der quadratische und von einem Wall umgebene Prachtbau diente

» TIPP

La Cave aux Moines
Den Temperaturen eines heißen Sommertages kann man bestens in den Höhlen entfliehen. Seit dem 10. Jahrhundert wurde hier Tuffstein abgebaut und später bewohnten die Menschen die Höhlensysteme. Sie werden heute als »troglos« bezeichnet. Diese Kurzform leitet sich von dem Begriff »habitation troglodytique« ab und erinnert an ein ägyptisches Volk, das am Nil ebenfalls in Höhlen lebte. Ein Rundgang in einem Teil der rund 7 km langen Gänge informiert über die Lebensbedingungen, die Weinlagerung, die heute rentable Pilzzucht und die Zucht von Schnecken. Die konstante Feuchtigkeit und die Temperatur um 12 °C sind hier die idealen Bedingungen für die Zucht der Pilze. Den lohnenswerten Rundgang sollte man mit einem Essen im Höhlenrestaurant »Les Pieds Bleus« krönen. Hier ist »Galipedes«, ein großer mit Schweinepastete gefüllter Champignon, die Spezialität des Hauses (www.cave-aux-moines.com).

Kanuwandern auf der Loire.

Blumen ranken an den Wänden der Natursteinhäuser in Candes-St-Martin.

im Laufe seiner Geschichte als Kaserne und Gefängnis. Heute beherbergt er ein Museum mit den Abteilungen Kunst und Geschichte der Reiterei. Vom Schloss, das von Weinreben umgeben ist, geht es hinunter in die Altstadt zur Kirche St-Pierre mit einem sehenswerten Tapisseriezyklus in 6 Teilen (16. Jh). Vor dem gotischen Kirchenbauwerk erstreckt sich mit dem »Place St-Pierre« der schönste Platz der Stadt. Hier ziehen zwei Fachwerkhäuser aus dem 15. Jahrhundert alle Blicke auf sich. Sie sind die ältesten Häuser der Stadt. Auf dem Platz sitzt man vergnügt in den Straßencafés, bevor man dann in den benachbarten Straßen in den Läden stöbert. Ebenfalls sehr lebendig wird es in den Sommermonaten vor dem schönen Rathaus, mit dessen Bau 1580 begonnen wurde. Dann ziehen auf dem »Place de la République« Musik- und Theaterveranstaltungen und der Weinmarkt die Besucher an. Die Altstadt verlässt man über die Brücke Pont Cessart und erreicht die bewohnte Insel L'Île d'Offard. Sie bietet zahlreiche Freizeitaktivitäten wie Wassersport, Schwimmen und Tennis sowie einen Campingplatz.

Von Saumur führt die D947 in östliche Richtung nach Montsoreau (11 km) an der Loire entlang. In dem kleinen Ort führt die Straße an dem Schloss (16. Jh.) vorbei. Der benachbarte und weitaus sehenswertere Ort Candes-St-Martin befindet sich im Département Indre-et-Loire. Da man mit dem Reisemobil nicht in das idyllische Örtchen fahren kann, sollte man in Montsoreau parken und einen Spaziergang unternehmen.

Candes-St-Martin

In dem Dorf am Ufer der Loire wird Idylle groß geschrieben. Natursteinhäuser rund um die Stiftskirche und mit bunten Blumen bewachsene Mauern prägen das Stadtbild. Dominierendes Bauwerk ist die Stiftskirche St-Martin, mit deren Bau um 1175 begonnen wurde. Sie steht an der Stelle, an der im Jahre 397 der Heilige Martin starb. Von der Kirche führt ein Weg eine Anhöhe hinauf, dort hat man einen herrlichen Blick auf den Zusammenfluss der Flüsse Vienne und Loire.

Im weiteren Verlauf ist der Reisemobilist in der Region »Centre« und zunächst im Département »Indre-et-Loire« unterwegs. Der Ort Candes-St-Martin muss umfahren werden und die D751 verläuft zunächst am Fluss Vienne entlang. Der Abschnitt führt durch die Landschaft Touraine und nach 18 km trifft man im schönen Städtchen Chinon ein. Im Ortsteil St-Jacques, am Südufer der Flusses befindet sich der Campingplatz L'Île d'Anger, ein guter Ausgangspunkt, um die Stadt zu entdecken oder mit einem Kanu von der Kanustation nebenan einen Ausflug auf dem Fluss Vienne zu unternehmen. Alternativ parkt man am Südufer »Quai Danton« und geht über die Brücke in die Altstadt.

Chinon

Das Herz der Stadt schlägt in der Altstadt »Le Vieux Chinon«. Sie liegt auf einem Hügel oberhalb des Flusses Vienne und war einst von mächtigen Mauern umgeben. Heute präsentiert sich die Altstadt mit sehenswerten mittelalterlichen Fachwerkhäusern, schönen Tuffsteinhäusern und natürlich dem imposanten Schloss. Diese trutzige Festung mit einer Größe von 400 mal 70 Meter wurde in den letzten Jahren umfangreich saniert und lädt nun wieder zu einer Schlossbesichtigung ein. Die ältesten Teile der Festung stammen aus dem 12. Jahrhundert. Die Größe des Bauwerkes und die großen Säle zeugen von der einstigen Bedeutung des Schlosses und der Stadt. Der aus der Gegend stammende Humanist und Arzt François Rabelais besang mit kraftvoller und poetischer Stimme die Stadt: »Chinon, Chinon, petite ville, grand renom«. Mit dem großen Ruf der kleinen Stadt hat er sicherlich auch den exzellenten Rotwein aus der Region gemeint, der in Frankreich bekannt und beliebt ist. Wer am Abend einen guten Tropfen verköstigen möchte, stößt in der Altstadt auf viele einladende Restaurants. Möchte man lieber mit der Theorie beginnen, so empfiehlt sich der Besuch des Museums »Musée animé du Vin et de la Tonnellerie« in der Altstadt. Es informiert über den Weinanbau, die Weinerzeugung und die Herstellung der Barrique-Fässer.

Mit einem »Au Revoir« verlässt man das Städtchen an der Vienne und begibt sich über die D16 in nördliche Richtung. In Huismes (13 km) erreicht man die D7 auf der man in nach 4 km das Märchenschloss Ussé erreicht. Im Tal der Loire verteilen sich rund 300 Schlösser, von denen rund 50 für das Publikum geöffnet sind. Es gehört zu den prachtvollsten Schlössern des Landes und so ist Besichtigung ein Muss. Ein großer Parkplatz befindet sich am Fuße des Schlosses.

Nach dem Motto »ein Highlight jagt das andere« sind es über die D17 nur 15 km bis zum erlebenswerten Städtchen Azay-le-

Saumur
Schloss
Altstadt
947 11 km
Montsoreau
Candes-St-Martin
Natursteinhäuser
Ausblick
751 18 km
Chinon
Schloss
Musée animé du Vin et de la Tonnellerie
Kanutour

Das prächtige Schloss Ussé erzählt das Märchen von Dornröschen.

- **Chinon**
  - *Schloss*
  - *Musée animé du Vin et de la Tonnellerie*
  - *Kanutour*
- 16 13 km
- 4 Huismes
  - 4 km
  - *Märchenschloss Ussé*
- 17
  - 15 km
- **Azay-le-Rideau**
  - *Schloss von Azay*
- 39
- 7
  - 12 km
  - *Schloss Villandry*
  - *Jardin du Soleil*
- 7 20 km
- **Tours**
  - *Basilika Saint-Martin*
  - *Château Royal*
  - *gotische Kathedrale*
  - *Sankt Martin Museum*

» SEHENSWERT

Schloss Ussé

Am Rand des Waldes von Chinon steht das Schloss Ussé, das durch ein Wirrwarr von spitzen Dächern auffällt und die Neugierde weckt. Im Rahmen einer Führung kann es besichtigt werden. Es befindet sich im Privatbesitz und wird von den Nachfahren des Grafen von Blacas bewohnt. Auf den Grundmauern einer Burg aus dem 11. Jahrhundert wurde im 15. und 16. Jahrhundert das märchenhafte Schloss errichtet. 1521 wurde die Kapelle errichtet und 1664 kamen die »Französischen Terrassen« dazu. Sie wurden von dem berühmten Gartenarchitekt »Le Nôtre« entworfen, der sich bereits bei der Gartengestaltung des Versailler Schlosses einen Namen gemacht hat. Ebenfalls berühmt ist der Dichter und Märchenerzähler Charles Perault. Das Schloss inspirierte ihn zum Märchen »Dornröschen« und damit nicht nur die Großen durch die begeisternde Architektur auf ihre Kosten kommen, sondern auch die kleinen Besucher Gefallen an dem Schloss finden, sind Märchenszenen nachgestellt. So blickt man in zahlreichen Räumen auf lebensgroße Figuren. Der Zutritt zu den Räumen ist jedoch verboten und so kann der Schlossbesucher das schöne »Dornröschen« nicht wach küssen. Die übrigen Räume verfügen über ein sehenswertes Inventar aus dem 18. Jahrhundert. www.chateaudusse.fr

Rideau, das sowohl einen Campingplatz als auch einen Stellplatz bietet. Die Übernachtungsmöglichkeit sollte auch genutzt werden, da sich das Schloss in den Sommermonaten nach Einbruch der Dunkelheit von seiner interessantesten Seite zeigt.

Azay-le-Rideau

Das freundliche Städtchen am Fluss Indre präsentiert sich mit einigen netten Häuserzeilen, in denen Restaurants und interessante Geschäfte gerne von den Touristen angesteuert werden. Das wahre Juwel der Stadt befindet sich zwischen Ortskern und Campingplatz – das Schloss von Azay. Dieses Meisterwerk der Renaissancebaukunst ist umgeben von einem kleinen See. Es thront in einem schönen englischen Garten und lässt

» TIPP

Songes et Lumières

Zu einem der schönsten Erlebnisse der Reise im Loiretal gehört der abendliche Besuch des Schlosses von Azay, wenn im Rahmen der Aktion »Songes et Lumières« raffinierte Ton- und Lichteffekte das elegante Schloss im wahrsten Sinne des Wortes in einem anderen Licht erscheinen lassen. Mit unzähligen Projektoren und Flutern sowie an dem Schloss angebrachten Lampen werden fantastische, wechselnde Lichteffekte erzielt. Darüber hinaus werden Figuren und Strukturen auf das Schloss projiziert. Dazu spielt sphärische und klassische Musik. Mystische und märchenhafte Leuchten und Lichtkörper erhellen dann auch den Park (http://azay-le-rideau.monuments-nationaux.fr/)

sich besichtigen. Hierbei führt der Rundgang durch die prächtigen Räume und Säle, in denen alte Möbel, Bilder und Wandteppiche zu bestaunen sind. Ein Clou des eleganten Prachtbaus, der zwischen 1519 und 1524 errichtet wurde, ist die offene Freitreppe über die man die Etagen erreicht.

Bei Nacht zeigt sich das Schloss von Azay von seiner schönsten Seite.

Gerade mal 12 km entfernt und über die D39 und D7 schnell zu erreichen, lockt mit dem Schloss Villandry ein weiterer Prachtbau. Auf den Parkplätzen darf auch über Nacht gestanden werden. Das Loiretal wird auch als »Garten Frankreichs« bezeichnet und zu einem besonderen Garten in diesem »Garten Frankreich« zählt die verblüffende Gartenanlage des Schlosses von Villandry.

Nach drei fantastischen Schlössern, die der Reisende einfach erlebt haben muss, steht nun die Stadtbesichtigung von Tours auf dem Programm (obwohl jenseits der Loire in Langeais ein weiteres schönes Schloss lockt). Tours ist von Villandry aus bequem über die D7 zu erreichen (20 km).

» SEHENSWERT

Schloss Villandry

Das Bauwerk und der Garten werden den Besucher gleichermaßen begeistern und so gehört das 1536 errichtete Schloss zu den schönsten seiner Art im Loiretal. Darüber hinaus zählt der farbenfrohe und raffiniert angelegte Park mit seinen Terrassengärten zu den erlebenswertesten Schlossgärten des Landes. Entworfen im Stil der Gärten des 16. Jahrhunderts wurde der Park von Dr. Joachim Carvallo, dem Urgroßvater des heutigen Besitzers, im Jahre 1906. Dieser Garten der Sonne (Jardin du Soleil) ist ein prächtiger Renaissancegarten und verfügt nicht nur über die erwarteten bunten Blumenbeete, symmetrische Hecken, Wassergärten und Rosenflächen, sondern verblüfft auch durch den Einsatz von Obst und Gemüse. Ähnlich begeistert wird der Besucher auch von dem Schloss sein, dessen Räume besichtigt werden können. Das Schloss wurde im Jahre 1536 fertiggestellt und von Jean Le Breton, dem Finanzminister von König Franz I., erbaut. Nicht vergessen sollte man den Ausblick vom Burgfried. Dieser Turm bietet einen herrlichen Überblick über den grandiosen Garten. Abschließend sollte man noch einen Blick in den Shop des Schlosses werfen. Hier kann man sich ein Stück von der reizvollen Gartenanlage mit in die Heimat nehmen, denn hier gibt es u. a. Pflanzensamen zu kaufen (www.chateauvillandry.com).

In Tours gehört das Rathaus zu den vielen schönen Bauwerken.

Tours – Die Stadt des Sankt Martin

Im 5. Jahrhundert vor Christus ließen sich die Turoner an der Loire nieder. In der folgenden ereignisreichen Stadtgeschichte prägte ein Mann die Historie von Tours, denn der wichtigste Bischof Galliens St. Martin wirkte in Tours. Als Legionär der römischen Armee begegnete er einem frierenden Bettler, teilte mit dem Schwert seinen Mantel und überließ dem Mann die Mantelhälfte. Dieses Ereignis wird heute in Deutschland durch Fackelumzüge gefeiert. Im Herzen von Tours steht man in der Basilika Saint-Martin (19. Jh.) mit großer Achtung vor den Gebeinen des Heiligen Martin, der im Jahre 397 in Candes-St-Martin starb. Beim lohnenswerten Stadtbesuch sollte es jedoch nicht bei der Besichtigung dieser viel besuchten Wallfahrtsstätte bleiben, denn die rund 140 000 Einwohner (Großraum rund 300 000 Einwohner) zählende Großstadt zeigt sich sehr vielseitig. Bevor man in den vielen Modegeschäften zuschlägt oder in den Antiquitätengeschäfte stöbert, sollte man einen Spaziergang in der historischen Altstadt un-

Tours: in dem gemütlichen Terrassencafé »La petit en Barque« blickt man auf die Loire

ternehmen. Auf dem Rundgang stößt man auf das Château Royal auf dem 13. Jahrhundert, besucht die gotische Kathedrale mit ihrer reich verzierten Fassade, bestaunt Kunstwerke im Museum der Schönen Künste (Musée des Beaux-Arts), informiert sich im Handwerksmuseum, besucht das Sankt Martin Museum, schlendert in der Rue du Grand Marché an Fachwerkfassaden vorbei, legt in einem der netten Straßencafés auf dem »Place Plumereau« vor alten Fachwerkhäusern eine Pause ein, schlendert über die Uferpromenade an der Loire entlang oder besorgt sich Informationsmaterial in der modernen Touristeninformation gegenüber vom Bahnhof. Ein schöner Streckenabschnitt führt über die D751 an der Loire entlang und bringt den Reisemobilisten nach Amboise, einem Highlight der Route. Wenn sich das Reisemobil dem schönen Ort nähert, fährt man durch eine lange Allee mit hohen Platanen. Ein moderner Stellplatz oder der benachbarte Campingplatz auf der Loire-Insel L'Île d'Or sind gute Ausgangspunkte für einen lohnenswerten Besuch der tollen Stadt Amboise.

» TIPP

Terrassencafé »La petite en Barque«

Tours ist eine quirlige Großstadt mit einem umfangreichen kulturellen Programm. Natürlich kehrt hier auch am Abend in den vielen Restaurants, Kneipen und Szenecafés keine Ruhe ein. Dann sollte man sich nördlich der Altstadt am Loireufer an der »Promenade des Gabares« einen Platz im Terrassencafé »La Petite en Barque« sichern. Die bunte Beleuchtung, der Blick auf die Loire und ein Schluck guter Wein an einem lauen Sommerabend werden sicherlich zu den schönsten Urlaubserinnerungen gehören.

Amboise – Hier tüfftelte Leonardo da Vinci

Die Route entlang des größten französischen Flusses ist gespickt mit grandiosen Städten, zu denen zweifelsfrei auch Amboise gehört. Nach einem Bummel durch die Altstadt steuert der Besucher das prächtige Schloss an, von dem man einen herrlichen Ausblick auf die Loire hat. Unter König Karl VIII. wurde das prächtige Schloss ab 1492 erbaut. In der französischen Geschichte steht der Prachtbau auch für ein grausames Blutbad, denn im Jahre 1560 ließ der katholische König Franz II. zahlreiche aufständische Protestanten, die sich gegen ihn verschwörten, aufhängen. Nach der Schlossbesichtigung sollte man es auf keinen Fall versäumen, die Kapelle Saint-Hubert zu besuchen, hier befindet sich das Grab des italienischen Universalgenies Leonardo da Vinci. Einige Kilometer südlich der Stadt ist die Pagode »Chanteloup« ein besonderes Bauwerk. 1778 entstand der 44 Meter hohe Turm, den man auch besteigen kann.

» SEHENSWERT

Le Clos Lucé

König Franz I. sagte zu Beginn des 16. Jahrhunderts über Leonardo da Vinci: »nie wurde ein Mensch geboren, der so viel wusste«. Er hatte Recht und behielt Recht auch in den folgenden rund 500 Jahren. Der italienische Künstler und Wissenschaftler, der 1452 im florentinischen Vinci geboren wurde, ist nicht nur als Bildhauer und Maler u. a. durch das weltberühmte Gemälde Mona Lisa bekannt, sondern auch als Forscher. 1516 machte er sich auf Einladung von König Franz I. auf dem Rücken eines Esels und in Begleitung seines Schülers Francesco Melzi nach Amboise auf. Im Gepäck befand sich auch die »Mona Lisa«, die dann in seiner neuen Bleibe, dem Château du Clos Lucé hängen sollte. Hier malte und forschte da Vinci bis zu seinem Tod am 2. Mai 1519. Heute gehört der Rundgang durch das kleine Schloss zu den spannendsten Momenten der Reise, denn voller Respekt geht man u. a. durch das Arbeitszimmer, Schlafgemach oder durch die Küche. Im Untergeschoss sind zahlreiche Modelle zu bestaunen, die aufgrund der alten Zeichnungen angefertigt wurden (Fahrrad, Raddampfer, Hubschrauber, Fallschirm, Panzerwagen und Automobil). Außerhalb des Schlosses wird es im »Leonardo-da-Vinci-Park« noch einmal spannend, denn unter freiem Himmel kann man die technische Welt des Universalgenies hautnah erleben. Hier laden 16 Modelle zum Ausprobieren ein, zum Beispiel die Fahrt mit einem Tretboot. Abschließend kann man den lohnenswerten Besuch mit einer Filmvorführung über das Leben Leonardo da Vincis abrunden (www.vinci-closluce.com).

Die freundliche Stadt Amboise verlässt der Wohnmobilist über die D31 in südliche Richtung und über die D40 gelangt man dann zum Schloss Chenonceau (20 km). Ein großer Parkplatz ist vorhanden. Biegt man direkt bei der Zufahrt zum Schloss/Parkplatz nach dem Bahnübergang links ab, erreicht man nach wenigen Metern eine Wiese, die als Stellplatz dient (vor dem Campingplatz).

Schloss Chenonceau

Nicht an der Loire, sondern an bzw. über dem Fluss Cher steht das imposante Schloss. Dieser Prachtbau verwirrt den nahenden Besucher ein wenig, denn während sich der benachbarte Ort »Chenonceaux« schreibt, heißt das Schloss »Chenonceau« (ohne x). Beim Spaziergang durch die herrlichen Gartenanlagen und beim Rundgang durch das Schloss mit seinen schönen Räumen ist der Besucher mehr verblüfft als verwirrt. Das weiße Schloss, das auf vielen Pfeilern im Fluss Cher steht, wurde 1521 fertiggestellt und trägt den Beinamen »Schloss der Damen«. 1547 erhielt die schöne und intelligente Diane de Poitiers, eine Geliebte von Heinrich II. das Schloss als Geschenk. Nach dem Tod Heinrichs II. erstritt seine Witwe Katharina von Medici das Schloss und ließ einige Umbauten durchführen, wie die Vollendung der Galerie, die heute den Besucher auf die andere Seite des Flusses bringt. In diesem 60 Meter langen Galerieflügel wurden rauschende Feste gefeiert. Auf den Besuch des Schlosses sollte auf keinen Fall verzichtet werden. Allerdings erfreut sich das Schloss großer Beliebtheit und so ist der Besuch am frühen Vormittag oder am späten Nachmittag ratsam. Einen anderen Blickwinkel ermöglicht auch die Fahrt mit dem Ruderboot, das am Schloss ausgeliehen werden kann (www.chenonceau.com).

Ein Katzensprung ist es vom Schloss Chenonceau zur Stadt Montrichard. Hier steht man gut auf dem Campingplatz »Camping L'Étourneau« und kann einen Spaziergang am Fluss Cher entlang zur sehenswer-

Eine Attraktion der besonderen Art ist das Grabmal von Leonardo da Vinci in der Schlosskapelle in Amboise.

Tours
Basilika Saint-Martin
Château Royal
gotische Kathedrale
Sankt Martin Museum
751 25 km
Amboise
Schloss
Kapelle Saint-Hubert
Grab des Leonardo da Vinci
Pagode »Chanteloup«
Château Le Clos Lucé
31 20 km
40
Schloss Chenonceau
Montrichard
Rathaus
Donjon
Stadtmuseum
764 *Kanutour*

Schattiges Fleckchen auf dem Campingplatz »Camping L'Étourneau« in Montrichard.

ten Stadt unternehmen. In dem Ort Montrichard bestechen einige farbenfreundliche Fachwerkhäuser, nette Gassen, das schmucke Rathaus und schließlich der mächtige Donjon (12. Jh.), der sich über der Stadt erhebt und das Stadtmuseum beherbergt. Bekannt ist Montrichard für seinen Sekt. Die Sektkellerei »Cave Monmouseau« wurde bereits 1886 gegründet und verfügt über 15 km lange Kellerstollen. In Montrichard können auch Kanus ausgeliehen werden, mit denen man dann eine ruhige Tour zum Schloss Chenonceau unternehmen kann.

Ansonsten unternimmt der Reisemobilist eine Etappe zur lebendigen Stadt Blois an der Loire. Dazwischen warten mit dem Schloss Cheverny und dem Schloss Beauregard zwei sehenswerte prächtige Bauwerke auf ihn. Über die D764 fährt man zunächst durch den Wald »Forêt de Montrichard«, im weiteren Verlauf vorbei an großen Getreidefeldern und Rebflächen und erreicht nach 14 km den Ort Sambin. Hier fährt man über die D52 durch den Ort Fougères-sur-Bièvre und trifft nach 16 km in Cheverny ein. Hier sollte man sich das Schloss Cheverny genauer ansehen, das den Kennern der Comics von »Tim und Struppi« als »Schloss Moulinsart« bekannt ist. Nicht als Zeichnung im Comic, sondern in seiner ganzen Pracht präsentiert sich das weiße Schloss dem Besucher. Es wurde in den Jahren 1626–1634 errichtet und kann mit feierlichen Räumen u. a. dem Waffensaal aufwarten. Es zählt zu den Loireschlössern mit den prächtigsten Möbeln. Darüber hinaus ist das Schloss von einem herrlichen Park umgeben. Besuchenswert ist auch die Dauerausstellung, die sich dem Comic von Hergé widmet.

Ein anderes prächtiges Schloss liegt auf der weiteren Route (D52, D956) und ist rund 15 km entfernt. Das Schloss Beauregard aus der Mitte des 16. Jahrhunderts steht inmitten weitläufiger Grünanlagen und war im Besitz von König Franz I. sowie zahlreicher Parlamentarier-Familien. Ein Rundgang liefert aufschlussreiche Einblicke in die Raumgestaltung des 16. und 17. Jahrhunderts und bietet eine umfangreiche Porträtgalerie.

Über die D951 sind es nur 10 Kilometer zur tollen Stadt Blois. Das Wohnmobil sollt man am besten auf dem Stellplatz am Loireufer abstellen. Er ist ein guter Ausgangspunkt für eine Stadtbesichtigung.

Das Schloss Chenonceau überspannt den Fluss Cher.

Hinauf zur Kathedrale von Blois geht es über die Treppe »Escalier Denis Papin«.

Blois

Die attraktive Stadt Blois mit ihren rund 50 000 Einwohner zieht den Stadtbesucher schnell in ihren Bann. Das liegt zum einen an ihrer leicht erhabenen Lage am Ufer der Loire und zum andern an der Vielzahl der sehenswerten Bauwerke. In den alten Gassen und lauschigen Plätzen versprüht die Stadt ihren Charme. Imposante Bauwerke zeugen von einer machterfüllten Geschichte. Im 10. Jahrhundert ließen die Grafen von Blois die erste Burg errichten. Ihnen folgten die Herzöge von Orléans. Seinen Höhepunkt erlebt Blois mit der Krönung König Ludwigs XII., der 1462 in Blois geboren wurde und seine Heimatstadt zur Königsresidenz machte. Reiche Kaufleute und Beamte ließen sich in Blois nieder und errichteten schmucke Stadthäuser. 1515 gelangte Franz I. auf den französischen Thron, der ebenfalls in Blois residierte. Er ließ das Schloss umfangreich ausbauen und üppig dekorieren. Es entstand ein prächtiges Bauwerk im italienischen Renaissancestil, das die Macht des Königs symbolisierte und über Besonderheiten wie den achteckigen offenen Treppenturm verfügte. In der Geschichte des Schlosses ereigneten sich einige Tragödien, wie der kaltblütige Mord am Herzog von Guise im Jahre 1588. Heute ist das Schloss die Hauptattraktion der vielen Besucher, die vom Innenleben des Schlosses ebenso begeistert sind wie von den Ton- und Lichtspielen »Son & Lumière«, bei denen an Sommerabenden die Fassade effektvoll angeleuchtet werden. Vor dem Schloss liegt der Schlossplatz mit der Touristeninformation und dem Houdin-Museum. Vor dem Museum steht auf einem Sockel das Abbild von Robert Houdin, dem Meister der Magie, der 1805 in Blois geboren wurde. Im Museum wird der Besucher in die Welt der Magie und Illusion entführt. Nicht Illusion, sondern Realität sind die vielen sehenswerten Bauwerke wie die Kathedrale St-Louis (17. Jh.), die einstige Benediktinerkirche St-Nicolas (12.–14. Jh.), das Jakobinerkonvent (15./16. Jh.), das gotische »Maison Denis Papin« oder das »Maison des Acrobates« aus dem 15. Jahrhundert. Eine idyllische kleine Parkanlage ist der bischöfliche Garten neben dem Bischöflichen Palast (18. Jh.). Unter Bäumen findet man hier die nötige Ruhe und blickt auf den schönen Rosengarten oder das Reiterstandbild von Johanna von Orléans. Wesentlich lebendiger geht es in der Altstadt zu, denn hier stößt man auf einen bunten Mix von Geschäften, Restaurants und Kneipen.

Die letzte Etappe von Blois nach Orléans umfasst noch einmal ein grandioses Schloss und auch wenn bisher zahlreiche prunkvolle Schlösser das Herz des Reisenden haben höher schlagen lassen, so ist mit dem Schloss Chambord noch eine Steigerung möglich. Über die D951 geht es am südlichen Ufer der Loire entlang. Nach wenigen Kilometern blickt man über die Loire auf das große Schloss Ménars, das zu den wenigen Barockschlössern an der Loire gehört. Später biegt man nach rechts auf die D84 ab und erreicht nach insgesamt 20 km das Schloss Chambord. Hier stehen große Parkplätze zur Verfügung (evt. Übernachtung möglich!) oder man steuert den Campingplatz in Muides-sur-Loire an und unternimmt eine Radtour zum Schloss.

Amboise
Schloss
Kapelle Saint-Hubert
Grab des Leonardo da Vinci
Pagode »Chanteloup«
Château Le Clos Lucé
31
20 km
40
Schloss Chenonceau
Montrichard
Rathaus
Donjon
Stadtmuseum
764
Kanutour
14 km
Sambin
52
16 km
Cheverny
Schloss Cheverny
52
15 km
956
Schloss Beauregard
10 km
Blois
Schloss
Benediktinerkirche St-Nicolas
Kathedrale St-Louis
Maison Denis Papin
Maison des Acrobates
951
Schloss Ménars

Atemberaubender Blick auf das Schloss Chambord.

Über die D112B ist es ein Katzensprung von rund 10 Kilometer zum Ort Muides-sur-Loire.

Mit dem Reisemobil folgt man nun der D951 und D925 in nordöstliche Richtung und trifft nach lediglich 17 km in Beaugency und in dem Département Loiret (Region Centre) ein. Am Loireufer, nahe der Altstadt bietet sich ein Stellplatz an und in der Altstadt gehören das Rathaus, der Donjon und schließlich die Abtei zu den Attraktionen der Stadt.

» SEHENSWERT

Schloss Chambord

Auch bei dem bisher verwöhnten Schlossbesucher schlägt das Herz jetzt höher, denn inmitten einer weitläufigen Parkanlage steht eines der schönsten Schlösser des Landes. Auf jeden Fall ist es mit einer Länge von über 150 Metern und einer Breite von rund 120 Metern das größte Schloss entlang der Loire. Bei einer Führung kann man natürlich nur einen Bruchteil der 426 Räume besichtigen und stets hat man das Gefühl sich zu verlaufen. Das riesige weiße Bauwerk, mit seinen vielen schiefergedeckten Dächern und unzähligen Fenstern wurde von König Franz I. in Auftrag gegeben. Aufmerksame Schlossbesucher erkennen immer wieder den Salamander, das Symbol des Königs. 1519 wurde mit dem Bau begonnen und zeitweise waren hier bis zu 1800 Arbeiter tätig. Inmitten der wildreichen Wälder der Sologne entstand dieses imposante Jagdschloss. Nur selten kamen die Könige hierhin und vielfach stand das Schloss leer. Von Leere und Stille ist heute nichts zu spüren, denn kaum ein Tourist, der sich in der Region aufhält, bleibt dem Schloss fern. Allerdings »verliert« sich aufgrund der Größe des Gebäudes die Masse an Besuchern. Es scheint, als hätte das Universalgenie Leonardo da Vinci, den Ansturm vorhergesehen, denn über die einfallsreiche Doppelwendetreppe geht man auf und ab ohne sich zu begegnen! Unvergessen wird auch der Blick von der Dachterrasse sein. Hierbei steht man unter der 32 Meter hohen Laterne. Die Blicke schweifen über den Park, der von einer 32 km langen Mauer umgeben ist. Es ist der größte umschlossene Park, dessen Fläche größer als die Innenstadt von Paris ist. Unvergessen werden auch die Licht- und Tonspiele »Rêve de Lumières« sein (www.chambord.org).

Im Sommer veranstaltet die Stadt ein amüsantes Fest, dann wird Sand am Ufer der Loire aufgeschüttet. Hier schlürft man dann im Liegestuhl seinen Cocktail, spielt Beach-Volleyball oder sitzt am Abend im Open-Air-Kino.

Von Beaugency sind es rund 25 km zur lebendigen Metropole Orléans (N152), dem Ziel dieser Route und gleichzeitig dem nördlichsten Punkt der Loire. Wehmut sollte jedoch nicht aufkommen, denn dafür hat die Stadt eine Menge zu bieten und der Stadtrundgang stellt einen krönenden Abschluss dar. Gute Park- und Übernachtungsmöglichkeit hat man auf dem Stellplatz an der Flussinsel »L'Île Charlemagne«. Ein schöner rund 4 km Spaziergang, teilweise an der Loire entlang führt dann in die Altstadt.

Orléans – Auf den Spuren der »Jungfrau von Orléans«

Im Stadtgebiet von Orléans werden rund 115 000 Einwohner gezählt und im Großraum Orléans leben rund 263 000 Menschen. Die Hauptstadt der Region Centre ist nicht nur eine der größten Städte im Loiretal, sondern eine der vielseitigsten. Das Angebot umfasst u. a. informative Museumsbesuche, reinstes Shoppingvergnügen, lohnenswerte Sightseeing-Touren und Restaurantbesuche. Bevor sich der neugierige Besucher an den Ständen in den Modeboutiquen vorbeischleicht, steuert er die Hauptattraktion der Stadt an, die Kathedrale. Im Inneren der »Cathédrale Ste-Croix« berichten die großen farbenprächtigen Glasfenster über ein wichtiges Ereignis der Stadtgeschichte, denn sie erzählen die Geschichte der Jungfrau von Orléans.

Ein kurzer geschichtlicher Rückblick: Bereits die Kelten und später die Römer ließen sich in der Region nieder. Ab dem 6. Jahrhundert stieg die militärische und religiöse Bedeutung. Im 10. und 11. Jahrhundert war Orléans neben Chartres und Paris eine der bedeutensten Städte Frankreichs. Im Hundertjährigen Krieg wurde in den Jahren 1428 und 1429 die Stadt von den feindlichen Engländern belagert. Jetzt schlägt die Stunde für die erst 17-jährige Bauerntochter Jeanne d'Arc, der Stimmen auftragen, das »Herz Frankreichs« zu befreien. Sie konnte König Karl VII. von ihrer Mission überzeugen und führte ein Heer nach Orléans. Am 8. Mai 1429 gaben die Engländer dann die Belagerung auf, ein Datum, das heute mit einer großen Zeremonie gefeiert wird. Auch vom schrecklichen Ende der »Jungfrau von Orléans«, wie sich Jeanne d'Arc selber nannte, erzählen die Glasfenster, denn die Freiheitskämpferin landete auf dem Scheiterhaufen. 1920 wurde die Nationalheldin in der Kathedrale heiliggesprochen.

Das grandiose Kirchenbauwerk mit der kunstvoll gestalteten Westfassade und den beiden 81 Meter hohen Türmen wurde erst

» AKTIVITÄTEN

Rad- und Kanutouren

Hier sollte man den ruhigen und grünen Campingplatz »Bellevue« am Ufer der Loire als Basislager für Ausflüge nutzen. Besonders zu empfehlen sind Ausflüge mit dem Fahrrad, denn es bieten sich im Rahmen des Programms »La Loire à Vélo« rund 300 Kilometer Radwege für spannende Entdeckertouren an. Entlang der Loire in westliche Richtung geht es über Radwege in das Örtchen St-Dye-sur-Loire und von dort aus weiter zum Schloss Chambord, das man nach 12 km erreicht. Zahlreiche weitere Routen in der Region findet man unter www.chateauxavelo.com. Wer die Loire mit dem Kanu entdecken möchte, stößt in St-Dye-sur-Loire auf eine Verleihstation, Tel. 02 54 81 67 53.

Blois
Schloss
Benediktinerkirche St-Nicolas
Kathedrale St-Louis
Maison Denis Papin
Maison des Acrobates
951
Schloss Ménars
84
20 km
Schloss Chambord
112B
10 km
Muides-sur-Loire
951
17 km
925
Beaugency
Rathaus
Donjon
N152
25 km
Orléans
Ziel
Cathédrale Ste-Croix
Hôtel Groslot
Kunstmuseum
Shoppingvergnügen

Der Campingplatz Bellevue in Muides ist ein guter Ausgangspunkt für Radtouren.

Das »Hôtel Groslot« zählt zu den schönsten Gebäuden von Orléans.

Ende des 18. Jahrhunderts errichtet. Der 114 m hohe Vierungsturm kam sogar erst 1858 dazu. Die Vorgängerkirchen haben ein trauriges Schicksal erlitten und so ist ein Bauwerk im 13. Jahrhundert gleich zweimal eingestürzt und die folgende Kirche wurde während der Religionskriege von den Calvinisten zerstört. Der Besucher des heutigen Bauwerks wird in erster Linie von der Größe der fünfschiffigen Kirche beeindruckt sein, die immerhin 136 Meter lang ist und über einige Kunstwerke verfügt, wie das filigran geschnitzte Chorgestühl (1706) oder die barocke Marmor-Pieta, die Bourdin 1623 schuf. Auf beachtliche Kunstwerke stößt man auch im Museum für schöne Künste (Musée des Beaux-Arts) gleich nebenan. Hier befindet sich auch die Touristeninformation und gegenüber steht das »Hôtel Groslot«. Das prachtvolle Bauwerk wurde Mitte des 16. Jahrhunderts errichtet und fällt durch seine rote Ziegelfassade auf. Hier legten einige Könige auf ihrer Durchreise eine Rast ein und der 16-jährige König Franz II. starb hier 1560 im Hochzeitssaal. Das Ensemble interessanter Bauwerke verlässt man über die »Rue Jeanne d'Arc«, mit mehrstöckigen Häusern aus dem 19. Jahrhundert und erreicht über die »Rue Royal« mit dem »Place du Martroi« einen zentralen Platz der Stadt. Auf einem hohen Sockel steht die Nationalheldin, der man jedoch den Rücken kehrt, denn schließlich warten unzählige Geschäfte in der »Rue de la République« darauf erobert zu werden. Einige hundert Meter südlich befindet sich am »Place du Général de Gaulle« ein Museum, das der mutigen Jeanne d'Arc gewidmet ist. Museumsfreunde werden auch im zentralen Historischen und Archäologischen Museum auf ihre Kosten kommen. Die interessanten Sammlungen sind in dem Renaissancebau Hôtel Cabu (1550) untergebracht. Die lohnenswerte Stadtbesichtigung sollte man in den netten Altstadtgassen südlich der Kathedrale ausklingen lassen. In den Gassen mit alten Fachwerkhäusern findet man für jeden Geschmack das passende Restaurant oder gönnt sich in den Bars zum Abschluss der Reise einen guten Wein, natürlich aus den Weinkellern der Loire-Winzer.

Rechte Seite: Die Altstadt von Orléans ist bei jeder Witterung sehenswert.

» TIPP

Shopping

In den Fußgängerzonen reihen sich die guten Geschäfte aneinander. Eine besondere Markthalle ist die »Halles Châtelet« am »Place du Châtelet«. Hier kauft man in gemütlicher Atmosphäre an den Ständen schmackhafte Feinkost, die Frankreich zu bieten hat. Das Angebot reicht u. a. von Backwaren, über Fisch und Meeresfrüchte, Obst und Gemüse bis hin zu Fleischwaren.

batucada

» PRAKTISCHE HINWEISE

Touristeninformationen

Angers: Office de Tourisme d'Angers, 7, Place Kennedy, 49051 Angers, Tel. 02 41 23 50 00, www.angersloiretourisme.com

Saumur: Office de Tourisme de Saumur, Place de la Bilange, 49418 Saumur, Tel. 02 41 40 20 60, www.saumur-tourisme.com

Tours: Office de Tourisme, 17-82, Rue Bernard-Palissy, 37042 Tours, Tel. 02 47 70 37 37, www.ligeris.com

Blois: Office de Tourisme Intercommunale de Blois-Pays de Chambord, 23, Place du Château, 41006 Blois, Tel. 02 54 90 41 41, www.bloispaysdechambord.com

Orléans: Office de Tourisme d'Orléans, 2, Place de l'Étape, 45000 Orléans, Tel. 02 38 24 05 05, www.tourisme-orleans.com

Camping- und Stellplätze

Champtoceaux – Stellplatz neben der Kirche
GPS: 47°20'17"N; 001°15'56"W;
Neben der Kirche Ste-Cécile, direkt am Schwimmbad, steht der Reisemobilist auf einer ebenen Asphaltfläche. Nur rund 100 Meter ist der Aussichtsbalkon »Promenade de Champalud« entfernt. Von hier aus hat man einen der schönsten Blicke über die Loire.

Angers – Stellplatz Boulevard Olivier Couffon
GPS: 47°28'00"N; 000°33'55"W;
Rund 500 Meter südlich vom Schloss von Angers kann man in der Straße Boulevard Olivier Couffon parken und nächtigen. Nebenan befindet sich auch eine Ver- und Entsorgungsstation: www.angersloiretourisme.com

Saint-Clément-des-Levées – Stellplatz Rue de la Laiterie
GPS: 47°19'50"N; 000°10'49"W;
An der alten Molkerei, rund 300 Meter vom Deich entfernt befindet sich der ebene und ruhige Stellplatz.

Saumur – Campingplatz L'Île d'Offard
GPS: 47°15'37"N; 000°03'56"W;
Im östlichen Teil der Loire-Insel L'Île d'Offard befindet sich der 4-Sterne-Campingplatz, Tel. 02 41 40 30 00, www.cvtloisirs.com

Chinon – Campingplatz »Camping l'Île Auger«
GPS: 47°09'49"N; 000°14'07"E;
Am Südufer des Flusses Vienne, im Stadtteil St-Jacques befindet sich der Campingplatz. Hier steht das Reisemobil auf ebenem Rasen und man genießt den Ausblick auf die Altstadt, die rund 1 km entfernt ist. Direkt neben dem Campingplatz liegt eine Vermietstation für Kanus: Tel. 02 47 93 08 35.

Azay-le-Rideau – Camping- und Stellplatz »Le Sabot«
GPS: 47°15'33"N; 000°28'11"E;
Nur wenige hundert Meter vom eleganten Schloss von Azay entfernt befindet sich der Campingplatz. Auf einer Rasenfläche, unter hohen Bäumen steht der Campingtourist in einer parkähnlichen Anlage. Vor dem Campingplatz wurde ein Stellplatz eingerichtet: Tel. 02 47 45 42 72.

Villandry – Stellplatz auf dem Schlossparkplatz
GPS: 47°20'27"N; 000°30'38"E;
Auf dem großen Parkplatz am sehenswerten Schloss Villandry darf man eine Nacht mit dem Wohnmobil stehen, Tel. 02 47 47 50 12 66.

Amboise – Stell- und Campingplatz
GPS: 47°25'03"N; 000°59'17"E;
Auf der Loire-Insel l'Île d'Or befindet sich der Stellplatz, angrenzend zum Campingplatz (Camp Municipal l'Île d'Or). Ein Tor lässt sich mit einer Karte (Bezahlautomat) bedienen und verriegelt den ebenen Rasenplatz. Die Brücke »Pont Général Leclerc« ist nur 5 Fußminuten entfernt. Sie führt dann in die tolle Altstadt, die gerade am Abend herrlich beleuchtet ist, Tel. 02 47 57 23 37.

Chenonceaux – Stellplatz am Schloss Chenonceau
GPS: 47°19'49"N; 001°04'06"E;
Neben dem Schlossparkplatz, vor dem Campingplatz befindet sich die Wiese, die zu Übernachtungszwecken von Wohnmobilreisenden genutzt werden darf. Auf der Zufahrt zum Schlossparkplatz, nach den Gleisen biegt man links ab und erreicht nach wenigen Metern den Stellplatz.

Montrichard – Campingplatz Camping – Caravaning L'Étourneau GPS: 47°20'18"N ; 001°10'14"E;
Unter schattigen Bäumen, auf einer Wiese sucht sich der Reisende einen Platz. Ein kleiner Weg und später die Promenade führen zur authentischen Altstadt von Montrichard, Tel. 02 54 32 10 16.

Blois – Stellplatz an der Loire
GPS: 47°35′25″N; 001°20′36″E;
Zwischen der Loire und dem Deich steht das Reisemobil auf einer asphaltierten Fläche. Der ausgeschilderte Stellplatz befindet sich unterhalb der Straße »Quai St-Jean«, Tel. 02 54 90 41 41.

Muides-sur-Loire – Campingplatz Bellevue
GPS: 47°40′22″N; 001°31′37″E;
Unterhalb der großen Loirebrücke, direkt am Flussufer liegt der ruhige städtische Campingplatz. Hier steht man auf einer ebenen Rasenfläche. Der Platz ist ein guter Ausgangspunkt um Radtouren zu unternehmen, z.B. zum traumhaften Schloss Chambord, Tel. 02 54 87 01 56, www.muides.fr

Beaugency – Stellplatz am Quai Dunois
GPS: 47°46′45″N; 001°38′13″E;
In der Nähe der Altstadt und des Loireufers steht man auf dem Parkplatz am Quai Dunois, rund 200 Meter östlich der Loirebrücke. Große Ahornbäume spenden Schatten.

Orléans – Stellplatz »L'Île Charlemagne«
GPS: 47°53′41″N; 001°56′19″E;
Am Rande der Flussinsel »L'Île Charlemagne« rund 4 km südöstlich der Altstadt von Orléans befindet sich der asphaltierte Parkplatz, der als Stellplatz dient. Nebenan befindet sich ein Zentrum für Wassersportaktivitäten, www.orleans.fr

Auf der Insel L'Île d'Or nahe Amboise befindet sich der gute Stellplatz.

5 ELSASS: WEINSTRASSE, WEITBLICK UND WELTSTADT

Romantische Tour durch das malerische Elsass

Start- und Endpunkt: Wissembourg und Strasbourg **Strecken:** Elsässische Weinstraße, diverse Straßen **Beste Jahreszeit:** April bis Oktober **Zeitraum:** 10–14 Tage **Streckenlänge:** ca. 400 km

Im Nordosten Frankreichs führt die Route zwischen Rheintal und Vogesen durch das reizvolle Elsass. Die grenznahe sehenswerte Stadt Wissembourg ist der Ausgangspunkt für die Entdeckungstour. Ein großer Teil der Route führt über die beliebte Elsässer Weinstraße, die zu den schönsten Touristenstraßen in Europa gehört. Sie bringt den Reisemobilisten am Fuße der Vogesen vorbei an den großen Rebflächen und durch malerische Weinorte wie Obernai, Ribeauville, Riquewihr und Eguisheim bis nach Thann. Nach den romantischen Weinorten mit ihren teils mittelalterlichen Altstädten wird es in der prächtigen und vielseitigen Stadt Colmar wieder lebendiger. Ziel der abwechslungsreichen Reise ist die europäische Hauptstadt Strasbourg.

Die Rebflächen verliert der Reisemobilist im Elsass nicht aus den Augen.

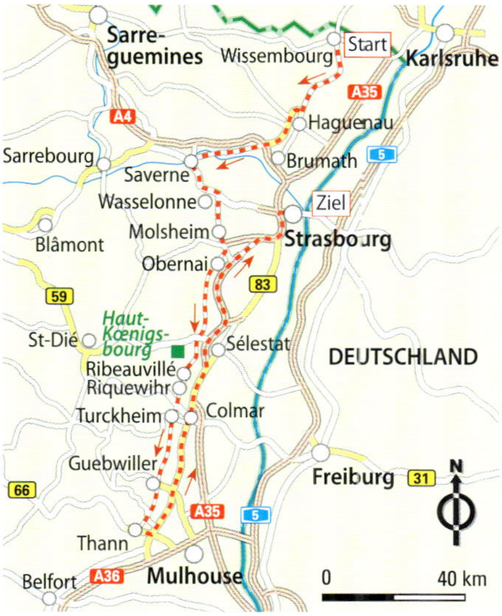

Wissembourg

Die Route durch das Elsass beginnt mit der reizvollen Stadt Wissembourg, an der deutsch-französischen Grenze. Sie ist die nördlichste Stadt an der elsässischen Touristenroute »Route Romane« (Straße der Romantik). Folgt man der Beschilderung »Centre Ville« erreicht man den zentralen Parkplatz, der ausreichend große Parkplätze bietet und nur 500 m von der Altstadt entfernt ist. Willkommen in Wissembourg und im Elsass.

In der nördlichsten Ecke des Elsass befindet sich die sehenswerte Stadt Wissembourg (ehem. deutscher Name: Weißenburg). Ihre Geschichte lässt sich bis in das 7. Jahrhundert zurückverfolgen und so entstand um 660 eine Benediktinerabtei. Im Jahre 1178 wurde die Siedlung, die sich rund um das Kloster ausbreitet, erstmalig urkundlich erwähnt. In den folgenden Jahrhunderten wechselten die Zugehörigkeiten. In den Kriegsjahren 1870 und 1944 war Weißenburg schwer umkämpft. Über die ereignisreiche Geschichte informiert das Museum »Musée Westercamp«.

Heute präsentiert sich die Stadt mit einer Vielzahl historischer Bauwerke und einer attraktiven Altstadt. Über die lebhafte »Rue du Nord«, vorbei an schmucken Häusern mit netten Geschäften gelangt man zum Platz der Republik. Hier befindet sich die Touristeninformation und erhebt sich das Rathaus, das 1752 fertiggestellt wurde. Über den kleinen Fluss Lauter gelangt man zur Kirche St-Pierre-et-St-Paul, die man gesehen haben muss. Gleiches gilt für die Kirche St-Jean mit einem sehenswerten Inventar zu dem eine Kanzel aus dem Jahre 1600 und Reste von Fresken aus dem 15. Jahrhundert gehören. 1725 ver-

Start
- **Wissembourg**
  - *Musée Westercamp*
  - *Rathaus*
  - *St-Pierre-et-St-Paul*
  - *St-Jean*
  - *Salzhaus*
- 263 33 km
- **Haguenau**

Die Stadt Wissembourg zeigt sich mit der schmucken Altstadt von ihrer schönsten Seite.

» SEHENSWERT

Die ehemalige Abteikirche St-Pierre-et-St-Paul in Wissembourg sollte man genauer unter die Lupe nehmen, denn sie besticht durch einige Besonderheiten. Die eindrucksvolle Kirche wurde 1248 geweiht und ist überwiegend im gotischen Baustil errichtet worden. Der älteste Teil der Kirche ist der romanische Turm, der bereits 1075 erbaut wurde. Im Inneren des Gotteshauses beeindrucken die bunten Glasfenster aus dem 14. Jahrhundert, das 11 Meter hohe Wandbild des Heiligen Christopherus und die Reste der Fresken. Außerhalb des Gebäudes erreicht man den unvollendeten Kreuzgang, in dem sich alte Grabplatten aneinanderreihen.

Durch Wissembourg fließt der kanalisierte Fluss Lauter.

mählte sich hier König Ludwig XV. mit der Polin Maria Leczynska. In der Altstadt kann man an einigen Stellen das kanalisierte Flüsschen Lauter überqueren und erhält ein sehr malerisches Bild von der Stadt. Nur einen Steinwurf vom Rathaus entfernt steht mit dem »Salzhaus« ein weiteres beachtenswertes Haus. Das Speicherhaus aus dem 16. Jahrhundert hat im Laufe der Jahrhunderte arg gelitten und so hat sich das Dach sehr verformt.

Über die gut ausgebaute Schnellstraße D263 geht es durch eine flachwellige Agrarlandschaft nach Haguenau (33 km). Auf halber Strecke liegt unterhalb des Kreisverkehrs ein lohnenswerter Pausenplatz. Gestärkt wird die Fahrt durch den Wald »Forêt de Hagenau« fortgesetzt. In Hagenau bleibt man im Stadtzentrum auf dem Ring auf der D263 Richtung Strasbourg (hier ist auch der Campingplatz ausgeschildert) und fährt die Straße in südliche Richtung dann über die D1340 und erreicht dann die D421 auf der man parallel zum Marne-Rhein-Kanal nach Saverne (Campingplatz) fährt.

Saverne

Die Stadt Saverne mit ihren rund 11 000 Einwohnern hat eine besondere Lage am Fuße der westlich liegenden Vogesen. Hier hat der Gebirgszug seine schmalste Stelle und nur eine geringe Höhe. In dem freundlichen Städtchen Saverne konzentrieren sich die Hauptattraktionen auf engstem Raum. Bereits die Römer legten hier Straßen an und überquerten die Vogesen. Sie quartierten am Rastplatz »Tres Tavernae«. In den Jahren von 1828 bis 1853 baute man den wichtigen Verbindungskanal vom Rhein im Osten zur Marne im Westen. Durch den wichtigen Verbindungskanal und die Industrialisierung erlebte der Ort seine Blütezeit. So steht heute der Besucher interessiert an der Schleuse im Stadtzentrum und beobachtet, wie die Freizeitkapitäne die Höhenunterschiede meistern. Von der Schleuse sind es nur wenige Schritte zum Neuen Schloss, dem »Château Rohan«. An der Kanalseite hat das Schloss aus dem 18. Jahrhundert seine beeindruckendste Seite. Genutzt wurde es als Schule, Bahnhof, Kaserne, Lagerhalle, Heim für Witwen und dient gegenwärtig als Kulturzentrum mit vielen unterschiedlichen Veranstaltungen. Untergebracht ist in diesem riesigen Bauwerk auch eine Jugendherberge sowie zwei Museen. Im Musée Luise Weiss sind Exponate der Journalistin zu sehen und im Musée Archéologique et Historique kann man archäologische und geschichtliche Sammlungen bewundern. Wiederum nur wenige Meter entfernt geht es durch die nette Altstadt und die Fußgängerzone Grand Rue zum auffälligen Maison Katz

» TIPP

Radtour

Radtour zum Schiffshebewerk (Plan Incliné) in St-Louis bei Arzviller.
Diese erlebnisreiche Radtour (18 km) sollte man in Lutzelbourg beginnen. Hier geht es zunächst an der nördlichen Seite des Marne-Rhein-Kanals entlang. Auf dem asphaltierten Weg kann zügig gefahren werden und so überholt man die vielen Motorboote. Man folgt der Beschilderung »Radweg/grünes Logo« und fährt im weiteren Verlauf am alten Kanal entlang. Das Kanalbecken ist teilweise ausgetrocknet und die alten Schleusenkammern von 1908 zugewachsen. Nur wenige Schleusenwärterhäuschen sind noch bzw. wieder bewohnt. Dann erreicht man wieder den neuen Kanal und mit dem Tunnel von Arzviller ein technisches Highlight. Hausboote und Ausflugsschiffe müssen durch den 2306 m langen und nur schwach beleuchteten Tunnel fahren. Über die Straße geht es nach Arzviller und der Ausschilderung folgend nach St-Louis hinauf. Bei der anhaltenden Steigung ist Muskelkraft gefragt. Man folgt dem Schild »Plan Incliné« und fährt glücklicherweise bergab, bis man das sehenswerte Schiffshebewerk erreicht. Nach der lohnenden Besichtigung des größten europäischen Schiffshebewerkes fährt man weiterhin bergab und gelangt auf die Straße, auf die man links einbiegt. Später erreicht man mit der Kanalbrücke auch wieder den Radweg. Jetzt geht es entlang des neuen Kanals zurück zum Kanalstädtchen Lutzelbourg, das man nach 4 Kilometern erreicht. Alternativ kann man von Lutzelbourg das Schiffshebewerk direkt anfahren. Hierbei muss man lediglich immer entlang des neuen Kanals fahren.

Im Tunnel von Arzviller verschwinden die Schiffe, die auf dem Marne-Rhein-Kanal unterwegs sind.

aus dem Jahre 1668. Hinter der prächtigen Fassade mit den Schnitzfiguren und den alten Butzenscheiben verbirgt sich eine urige Weinstube. Die Grande Rue geht man weiter hinauf und erreicht die Kirche »Notre-Dame-de-la-Nativité« mit einem sehenswerten Inventar. Der Turm aus dem 12. Jahrhundert bestimmt die Stadtsilhouette. Außerhalb des Stadtzentrums lohnt sich der Besuch des Rosengartens »Roseraie« (an der »Route Paris«), hier findet im Juni und Juli das beliebte Rosenfest stattfindet. Pflanzenliebhaber kommen auch im Botanischen Garten »Jardin Botanique du Col de Saverne«, rund 3 km westlich von Saverne auf ihre Kosten.

Die Stadt Saverne verlässt der Reisemobilist über die Straße D1004 in südliche Richtung. Nach 5 km passiert man das Örtchen Marmoutier, in dem sich der Besuch der imposanten Klosterkirche lohnt. Die schöne Westfront des sakralen Bauwerkes stammt aus dem 11. und 12. Jahrhundert. Im Inneren beeindrucken die Silbermann-Orgel und das reich geschnitzte Chorgestühl. Weiter geht es über die D1004 und nach 12 km über die D422, über die man nach weiteren 12 km die Stadt Molsheim erreicht. Auch hier lohnt sich ein Stadtrundgang.

1340 33 km
421
Saverne
Verbindungskanal Rhein - Marne
Schloss
Notre-Dame-de-la-Nativité
Rosengarten
Botanischer Garten
1004 *Radtour*
5 km
Marmoutier
Klosterkirche
1004
12 km
422
12 km
Molsheim
Haus der Fleischer »Alte Metzig«
500

Das imposante Schloss »Château Rohan« von Saverne.

Molsheim

Das Herz der Stadt schlägt inmitten der Altstadt, die teilweise von einer Stadtmauer umgeben ist. Rund 7000 Menschen leben in dem schmucken Örtchen. Zentraler Platz ist der »Place de la Marie« an dem das ansehnliche Haus der Fleischer, die »Alte Metzig« alle Blicke auf sich zieht. Das schöne Bauwerk mit Uhrenturm und mit Blumen geschmückten Balkonen wurde 1554 erbaut. Ein weiteres prächtiges Gebäude, dessen frühbarocke Stuckarbeiten sehenswert sind, ist die Jesuitenkirche, die 1618 vollendet wurde. Ein Abstecher lohnt an einem Tag im Jahr nach Mutzig, 4 km westlich von Molsheim. Am ersten Sonntag im September fließt aus dem Mutziger Brunnen kein Wasser, sondern Bier.

Von Molsheim sind es nur 7 Kilometer nach Rosheim (D500, D35). Ist das Wohnmobil niedriger als 3,20 Meter kann man durch das alte Stadttor direkt in die Altstadt fahren und einen Parkplatz direkt vor den alten Fachwerkhäusern ergattern, ansonsten parkt man außerhalb des historischen Stadtzentrums.

Rosheim

Der idyllische Ort blickt auf eine lange Geschichte zurück und wurde im Jahre 778 unter dem Namen Rodaheim erstmalig urkundlich erwähnt. Nicht nur zu den Weihnachtsmärkten im Dezember und zum Folklore- und Schneckenfest (Anfang Juli) lohnt sich der Besuch von Rosheim. Dann kann man zwar beim Wettrennen der Schnecken zuschauen und den Gaumen mit Schneckengerichten erfreuen, aber in der übrigen Zeit präsentiert sich Rosheim mit seiner schönen Altstadt. Die Straße »Rue du Général de Gaulle« durchzieht die Stadt. Hier stehen nicht nur die Stadttore, sondern auch einige der ältesten Fachwerkhäuser im Elsass, wie das Maison Paienne und das Maison Romane aus dem 12. Jahrhundert. Ein beeindruckendes Bauwerk stellt die Kirche »St-Pierre-et-St-Paul« dar, die zu den schönsten romanischen Gotteshäusern des Elsass gehört. Beim Anblick der Kirche aus dem 12. Jahrhundert fallen die vielen Steinfiguren auf den Giebeln und Dächern auf. Im Inneren wirkt die Kirche nüchtern, aber nicht minder interessant. Neben dem restaurierten Marktbrunnen befindet sich ein Stadttor und die Touristeninformation. Am Freitag Vormittag sollte man über den Wochenmarkt bummeln.

Von Rosheim ist es ein Katzensprung zur nächsten sehenswerten Stadt und so erreicht man nach 6 Kilometern die Stadt Obernai.

Am besten steuert man direkt den ausgeschilderten Campingplatz »Camping Municipal Le Vallon de l'Ehn« an und spaziert rund 15 Minuten in die malerische Altstadt.

Obernai

Innerhalb der vollständig erhaltenen Stadtmauer mit ihren immerhin 30 Türmen fühlt sich der verblüffte Besucher um Jahrhunderte zurückversetzt: schmucke Fachwerkhäuser, malerische Plätze und einige historische Bauwerke prägen die Altstadt. 1240 erhielt Obernai die Stadtrechte und im Dreißigjährigen Krieg wurden Teile der Stadt zerstört. Heute ist in dem gepflegten Örtchen von Zerstörungen keine Spur. Die wichtigsten Gebäude scharen sich rund um den Marktlatz. Hier steht das 1462 erbaute Rathaus mit einem sehenswerten Gerichtssaal (Holzverkleidungen und Wandmalereien). Direkt neben diesem »Hôtel de Ville« steht der hohe Kapellenturm, der Rest der Marienkapelle aus dem 13. Jahrhundert. Er hat eine Höhe von rund 60 Metern und prägt mit der benachbarten zweitürmigen Kirche »Saint Pierre & Paul« die Silhouette der Stadt. Das Gotteshaus ist nach dem Straßburger Münster die größte Kirche im Elsass und wurde im neugotischen Baustil errichtet. Einige Ausstattungsstücke des Vorgängerbaus, der 1867 abgetragen wurde, sind noch zu sehen. Zwischen Kirche und Markt steht der schöne Sechseimer-Brunnen aus der Renaissance. Rund um den Markt »Place du Marché« kommt Fachwerkromantik auf. Die vielen Restaurants in den schmucken Häusern bieten in ihrem urigen Inneren oder im Außenbereich so manche deftige Gerichte und edle Tropfen an. Aus dem Jahre 1554 stammt die »Kornhalle« (Halle aux Blé), die zu den schönsten Bauwerken der Stadt gehört. Sie diente als Schlachthalle und später als Getreidespeicher. Wer den lohnenswerten Stadtrundgang im Restaurant ausklingen lassen möchte, wird sicherlich in der »Rue du Marché« fündig.

Das Elsass bietet eine Vielzahl von Touristenstraßen wie die »Rheinstraße«, die »Sauerkrautstraße« oder die »Tabakstraße«. Sogar auf einer »Straße des gebackenen Karpfens« ist der Reisende unterwegs.

Die weitere Route führt über die Elsässische Weinstraße »Route des Vins d'Alsace«.

Molsheim
Haus der Fleischer
»Alte Metzig«
500
35
7 km
Rosheim
Fachwerkhäuser
St-Pierre-et-St-Paul
6 km
Obernai
Fachwerkhäuser
Rathaus
Saint Pierre & Paul
Kornhalle

Am Marktplatz von Molsheim steht das Haus der Fleischer, die »alte Metzig«.

In Dambach-La-Ville bringen Blumenkübel leuchtende Farben in die Altstadt.

Sie ist gut beschildert und führt durch die Osthänge der Vogesen. Hierbei geht es vorbei an den Rebflächen von einem malerischen Weinort zum nächsten. Die Weinstraße hat eine Länge von 170 Kilometern und erstreckt sich zwischen den Orten Marlenheim im Norden und Thann im Süden. Sie gehört zu den schönsten Themenrouten in Europa, was nicht nur an dem herrlichen Blick über die grünen Weinhänge und die Rheinebene bis zum Schwarzwald liegt, sondern auch an der Möglichkeit eine Reihe einladender Weinorte zu besuchen. Beim Blick auf die Reben fällt auf, dass überwiegend weiße Weine angebaut wurden: Riesling, Weißburgunder und Gewürztraminer. Der rote Pinot Noir ist eine seltene Ausnahme. Zahlreich sind die Weinstuben und die meisten Winzer bieten eine Weinprobe (Dégustation) an. In westliche Richtung blickt der Reisemobilist über die großen Weinhänge hinauf auf die Vogesenhöhen, auf denen sich zahlreiche Burgen befinden.

Nach Obernai bleibt man auf der D35 und erblickt in westlicher Richtung den Berg »Mont Ste-Odile«, der als heiliger Berg des Elsass gilt. Zu ihm kann man hinauffahren und aus einer Höhe von 764 Metern den Rundumblick genießen. In der Kreuzkapelle der Klosterkirche lagert auch der Sarkophag der Heiligen Odilie, die im Jahr 720 verstarb. Der Sage nach soll die einst blinde Tochter des Herzogs Eticho durch die Taufe das Augenlicht zurück-

» SEHENSWERT

Die weiß gekälkte Kapelle St-Sébastian von Dambach-La-Ville steht nur wenige hundert Meter außerhalb der Stadt. Ein Weg führt hinauf zu der schönen Kapelle, die von Rebflächen umgeben ist. Vor der Kirche sollte man zunächst den herrlichen Blick über den Weinort und die Umgebung genießen und dann dem Inneren der 1285 gebauten Kapelle seine Aufmerksamkeit schenken. Auf den ersten Blick sticht der große Hochaltar ins Auge. Dieser kunstvoll geschnitzte Altar wurde 1692 vollendet und aus Birnen- und Lindenholz hergestellt. Außerhalb der Kapelle blickt man durch Gitterstäbe in das Beinhaus und prompt bekommt man Gänsehaut, denn in dem Raum türmen sich Schädel und Knochen auf. Hierbei soll es sich um die sterblichen Überreste von aufständischen Bauern handeln, die 1525 bei der Schlacht im nahe gelegenen Scherviller getötet wurden.

erhalten haben. In der waldreichen Umgebung rund um die Klosterkirche bieten sich Wanderungen an. Über die Weinstraße geht es weiter durch den idyllischen Ort Barr und später durch Andlau. In Andlau gehört das rund 30 Meter lange Fries an der Westfassade der Klosterkirche Ste-Richardis zu den Hauptattraktionen. Nach 11 Kilometern gelangt man über die Weinstraße in den Ort Dambach-La-Ville.

Dambach-La-Ville

Beim Spaziergang durch die Altstadt glaubt man, Dambach-La-Ville mit seinen rund 2000 Einwohnern hätte einen Wettbewerb um die farbenfroheste Stadt gewonnen. Bereits das Schild »Ville fleuri« am Ortseingang deutet darauf hin, dass der Ort Blumen geschmückt ist. Eine derartige Farbenvielfalt und Blumenpracht ist kaum zu übertreffen. So wirkt die Altstadt mit den vielen Blumen und schönen Häusern so freundlich und einladend. Mit guter Stimmung dreht man innerhalb der um 1340 angelegten Stadtmauern seine Runde. Drei Stadttore sind noch erhalten geblieben und neben den schmucken Fachwerkhäusern und der neoromanischen Kirche (1865) fällt das Renaissance-Rathaus auf. Außerhalb der Stadtmauern lohnt sich der Besuch der Burg Bernstein, die um 1200 erbaut wurde, man erreicht sie nach einer einstündigen Wanderung. Einfacher gelangt man zur Kapelle St-Sébastian (siehe Kasten links).

Durch viele weitere kleine Weinorte vorbei an pastellfarbenen Fachwerkhäusern und blumengeschmückten Plätzen geht es zum Örtchen Kintzheim. Hier sollte man die Straße hinauf zur sehenswerten Burg »Haut Koenigsbourg« fahren. Rund 7 Kilometer geht es bergauf und nachdem man unterhalb der Burg an der Straße einen Parkplatz gefunden hat, ist man begeistert von dem Ausblick und freut sich auf den Rundgang auf der Burg.

Haut Koenigsbourg

800 Jahre Geschichte in 800 Metern Höhe gilt es auf der Burg Haut Koenigsbourg zu entdecken. Bereits im 12. Jahrhundert wurde auf dem Kegelberg die Burg mit dem Namen Estufin errichtet und in den folgenden Jahrhunderten ausgebaut. 1633, im Dreißigjährigen Krieg, wurde die Burg von den Schweden zerstört und fristete ihr Dornröschendasein, bis der deutsche Kaiser Wilhelm II. im Jahre 1901 kam. Er ließ die Burg wie eine typische Ritterburg mit Türmen, dicken hoch aufragenden Mauern und Innenhöfen wieder neu errichten und so thront seit 1908 die trutzige Burg oberhalb des Schlettstadter Waldes. Neben den Führungen für Touristen bietet die Burg Gastronomie, Souvenirläden, einen mittelalterlichen Garten und natürlich einen grandiosen Ausblick, der bei guter Sicht bis zu den Alpen reicht. Der Zeit angepasst gibt es auch Konzerte und Filmnächte. Eine Führung wird auch in deutscher Sprache angeboten: www.haut-koenigsbourg.fr

Von der Burg Haut Koenigsbourg führt eine kleine Straße hinunter nach St-Hippolyte (6 km), der Ort ist umgeben von großflächi-

Obernai
Fachwerkhäuser
Rathaus
Saint Pierre & Paul
Kornhalle
35
Mont Ste-Odile
Barr
11 km
Dambach-La-Ville
Fachwerkhäuser
neoromanische Kirche
Renaissance-Rathaus
Burg Bernstein
Kapelle St-Sébastian
Kintzheim
7 km
↔ *Haut Koenigsbourg*
6 km
St-Hippolyte

Die Burg Haut Koenigsbourg thront in 800 Meter Höhe.

Rebflächen bedecken im Elsass die Hänge der Vogesen.

St-Hippolyte
1B 7 km
Ribeauvillé
Altstadt
Rathaus
Stadttor
Metzgerturm
Château St-Ulrich
1B 6 km
Riquewihr
historische Altstadt
Dolder
Hansi-Museum
Mittelwihr
Bennwihr
10

gen Weinhängen. Im Ort biegt man an der Kirche nach rechts auf die Straße D1B ab. Bis Ribeauvillé sind es noch 7 Kilometer. Hier steht man in der Nähe der Altstadt auf einem Stellplatz.

Ribeauvillé

Unterhalb von drei Burgruinen im Strengbachtal liegt das kleine Städtchen Ribeauvillé. Wer durch die malerische Altstadt läuft, den Storch klappern hört und sieht, wird Ribeauvillé sofort in sein Herz schließen. Rund 5000 Bürger wohnen in dem Städtchen, das im 13. Jahrhundert befestigt wurde. Die folgenden Jahrhunderte waren sehr ereignisreich und so wurden die Kirchen im Bauernkrieg (1525) geplündert. 1563 setzte sich in der Stadt die Reformation durch und im Jahre 1871 gelangte das damalige »Rappoltsweiler« in die Hände der Wittelsbacher. Die verkehrsberuhigte »Grande Rue« führt durch die prächtige Altstadt. Sie macht ihrem Namen alle Ehre, denn sie führt an den stolzen Fachwerkhäusern vorbei. In der Unterstadt passiert man die Touristeninformation, ein lebendiger Platz mit Straßenrestaurant und Ausblick auf ein Storchennest. Vor dem Pfifferhus, wird jeder stehen bleiben, denn hier wurde außerhalb des Hauses eine Holz-

Die Weinstraße gehört zu den schönsten Themenrouten in Frankreich.

figur des hornblasenden Pfeiferkönigs angebracht. Auch heute wird mit dem Dorfmusikantenfest »Fête des Ménétriers« an den alten Brauch erinnert und so wird am ersten Wochenende im September mit alten Trachten und viel Musik ausgiebig gefeiert. Später erreicht man über die Grande Rue das Rathaus aus dem Jahr 1773, vor dem auch der Markt abgehalten wird. Es dient auch als Stadtmuseum, in dem man in dem Roten Salon eine wertvolle Sammlung unter anderem mit Silberbechern und Pokalen bestaunen kann. Gegenüber steht die Augustinerkirche, die ebenfalls gegen Ende des 18. Jahrhunderts errichtet wurde. Unweit entfernt steht das hoch aufragende Stadttor »Tour des Bouchers«, der Metzgerturm. Geht man durch das Tor hindurch, so gelangt man in die Oberstadt und blickt vorbei an den historischen Fassaden hinauf zur Ruine der Ulrichsburg. Sie gehört neben den Burgen Ribeaupierre und Girsberg zu den drei umliegenden Burgen aus dem 12. Jahrhundert. Bis zum 17. Jahrhundert war das »Château St-Ulrich« noch von den Adligen von Rappoltsweiler bewohnt. Mit der großen Burg vor Augen geht man weiter die Grande Rue hinauf und stößt mit dem »Place de la République« auf den wohl schönsten Platz der Stadt.

Ein Katzensprung oder genauer gesagt 6 Kilometer sind es von Ribeauvillé nach Riquewihr (D1B). Am Rande der historischen Altstadt, in der Avenue Jacques Presis befindet sich ein großer Parkplatz (kostenpflichtiger Stellplatz).

Riquewihr

Durch das Tor des Rathauses betritt der staunende Besucher den äußerst attraktiven Ort Riquewihr. Die vielen Touristen und die zahlreichen alten Häuser lassen an die deutsche Stadt Rothenburg ob der Tauber erinnern. Wenn am Abend die Stadt zur Ruhe gekom-

» SPEISEN

In uriger Atmosphäre speist man im roten Fachwerkhaus »D'Baecka ofa Stub« mitten in der malerischen Altstadt von Ribeauvillé. Deftige elsässische Speisen wie das »Sauerkraut garniert nach Elsässer Art« werden hier aufgetischt, Tel. 0389738273.

In dem Fachwerkhaus »D'Baecka ofa Stub« wird deftig gekocht.

Liefert die Energie für die nächsten Tage, das »Sauerkraut nach Elsässer Art«.

Riquewihr
historische Altstadt
Dolder
Hansi-Museum
Mittelwihr
Bennwihr
10
Ingersheim
N83
5 km
Eguisheim
Burg
Kirche
Rathaus

Rechte Seite oben: Schmucke Häuser stehen in der reizvollen Altstadt von Eguisheim.

Rechte Seite unten: Im Elsass fühlt sich der Reisemobilist auf Anhieb wohl.

men ist, lohnt sich das Einkehren in einem der einladenden Restaurants und Weinstuben. Riquewihr ist eine Perle unter den Städtchen im Elsass. Im 13. Jahrhundert wurde Riquewihr angelegt. Zentrale Straße ist die verkehrsberuhigte Rue du Général de Gaulle, an der sich die alten Häuser überwiegend aus dem 16. und 17. Jahrhundert mit ihren schmucken Fachwerkfassaden reihen und wiederum kleine Gassen abzweigen. Geht man die Straße hinauf, gelangt man zum Dolder, einem 25 m hohen Wachtturm aus dem Jahr 1291. Er beherbergt das Heimatmuseum mit Funden aus dem Mittelalter sowie mit Ausstellungen zu den Themen Waffen, Handwerksgeräte, Möbel und Hausrat. Nur 60 Meter entfernt steht der Diebesturm aus dem 13. bis 15. Jh., der als Gefängnis diente und ebenfalls zu besichtigen ist. Ein weiteres Museum im Ort ist dem berühmten Elsässer Maler und Illustrator Jean-Jacques Waltz, genannt Hansi, gewidmet. Im Hansi-Museum sind zahlreiche Kunstwerke zu bewundern. Ein drittes Museum ist das Elsässer Postmuseum, das in einem kleinen Schloss aus dem 16. Jahrhundert untergebracht ist und durch eine große Postkutsche vor dem Eingang das Interesse weckt.

Von Riquewihr geht es weiter über die Weinstraße durch die Weinorte Mittelwihr und Bennwihr. Über die D10 geht es wenige Kilometer bis Ingersheim. Hier sollte man auf die Schnellstraße N83 fahren, auf der man 5 Kilometer in südliche Richtung fährt, um dann die Straße für einen Besuch in Eguisheim zu verlassen.

Eguisheim

Der malerische Weinort Eguisheim ist ein Muss und wird jedem Besucher noch lange in Erinnerung bleiben. In dem kleinen historischen Städtchen glaubt man, die Zeit wäre

» WEINPROBE

Im Herzen der Altstadt von Riquewihr, in der Straße »Rue du Général du Gaulle« befindet sich das Haus »Maison Zimmer«. Eine Treppe führt hinab in den Weinkeller, in dem man in besonderer Atmosphäre an einer Weinprobe teilnehmen kann: Tel. 03 89 47 91 61, www.riquewihr-zimmer.com

stehen geblieben. Über altes Kopfsteinpflaster schlendert man an stolzen Wohnhäusern in altem Fachwerk entlang und erreicht die Burg von Eguisheim, in der im Jahre 1002 der spätere Papst Leo IX. zur Welt kam. Gegen Ende des 19. Jahrhunderts wurde das Bauwerk wiederhergestellt. Vor der Burg liegt der romantische Platz »Place du Château« mit dem prachtvollen Brunnen. Inmitten steht die Statue des Papstes, der alle Blicke der Gäste in den Straßencafés auf sich zieht. Bei dem Stadtrundgang durch die von einer alten Stadtmauer umgebene Altstadt stößt der verblüffte Besucher auf viele weitere sehenswerte Bauwerke wie die Kirche aus dem 13. Jahrhundert, das alte Rathaus von 1364 oder den Pairiserhof aus dem Jahre 1262. Die farbenprächtigen Fachwerkhäuser präsentieren sich mit Balkonen, Erkern und Spitzgiebeln.

Umgeben ist Eguisheim von Weinreben, denn immerhin pflanzten die Römer im 4. Jahrhundert hier die ersten Reben an. In den alten Weinkellern lohnt sich natürlich eine Weinprobe, bei der u. a. Sylvaner, Pinot Blanc, Muscat, Gewürztraminer, Riesling, Pinot Noir und Pinot Gris verkostet werden. Neben den Weinproben lohnen sich auch die geführten Touren auf dem Weinlehrpfad

Die Altstadt von Eguisheim zieht den Besucher schnell in ihren Bann.

(Touristenbüro!). Im Sommer wird man in Eguisheim von den Störchen mit lautem Geklapper verabschiedet.

Die Elsässische Weinstraße verläuft zunächst über die D14 und bringt den Reisenden in die benachbarten Weinorte Husseren-les-Châteaux, am Fuße der drei Eguisheimer Burgen. Weiter geht es durch den Ort Voegtlingshoffen, der für seine Muscatweine bekannt ist und durch Obermorschwihr, dessen Kirche über einen markanten Glockenturm mit Fachwerk aus dem 15. Jahrhundert verfügt. In Hattstatt zählt das Rathaus aus dem 16. Jahrhundert und die Kirche mit ihrem sehenswerten Inventar zu den Attraktionen.

Im weiteren Verlauf führt die Weinstraße durch zahlreiche nette Orte, die allesamt Ruhe und Idylle pur bieten. Nach Gueberschwihr und Pfaffenheim erreicht man den vergleichsweise großen Ort Rouffach.

Rouffach

Der sehenswerte Ort zählt heute rund 5000 Bürger und war im 12. Jahrhundert eine bedeutende Bischofsstadt. Im 13. und 14. Jahrhundert wurde die Stadt umfangreich befestigt. Die Befestigung wurde allerdings im

Eguisheim
Burg
Kirche
Rathaus
14
Husseren-les-Châteaux
Voegtlingshoffen
Obermorschwihr
Gueberschwihr
Pfaffenheim
Rouffach
Rathaus
Kornspeicher
Pfarrkirche
18B 4 km
Westhalten
Soultzmatt
5
Orschwihr
Bergholtz-Zell
Bergholtz
3 km
Guebwiller
Schloss
Rathaus
Barockkirche
Dominikanerkirche
Musée du Florival

» SPECIAL

Der Weißstorch

Der Weißstorch (Ciconia ciconia) ist das Wappentier des Elsass, da er in Frankreich nur im Elsass vorkommt. Störche sind bis zu 100 cm lang, haben eine maximale Flügelspannweite von 220 cm und sind bis zu 4,5 kg schwer. Charakteristisch ist das Geklapper des Schnabels, das der Verständigung dient. So wird der Partner am Nest begrüßt und auch das Balzritual geht mit Geklapper einher. Kleintiere wie Insekten, Mäuse, Regenwürmer, Fische, Frösche und auch Aas sind seine Nahrung. Der Weißstorch brütet sowohl in Europa (Spanien bis Russland) als auch in Nordafrika und Vorderasien (Türkei bis Kaukasus). Er nistet in der Regel jahrelang auf dem gleichen Horst, der sich auf Bäumen, Gebäuden oder auch auf Strommasten befindet. Die Brutzeit der 3–5 Eier, die etwa doppelt so groß wie ein Hühnerei sind, beträgt 32–33 Tage. Die Jungvögel verlassen das Nest nach 2 Monaten.
Weißstörche sind Zugvögel, die jedes Jahr lange Strecken zu ihren Winterquartieren südlich der Sahara zurücklegen. Dabei müssen sie das Mittelmeer umfliegen, sie sind nämlich Segelflieger und auf warme Aufwinde angewiesen, die über dem Wasser nicht entstehen.

17. Jahrhundert wieder abgetragen. Geblieben ist jedoch ein malerischer Ortskern mit vielen historischen Bauwerken. Die Bürger sind stolz auf die prächtige Altstadt, deren Herz am Marktplatz schlägt. Er gehört zu den schönsten Plätzen im Elsass. Dieser Platz der Republik ist umgeben von imposanten Renaissancegebäuden. Besondere Beachtung finden in der Geburtsstadt des Marschalls Lefèbvre das Rathaus (1581) und der Kornspeicher (1569) mit dem Treppengiebel. Zeit sollte man sich auch für die markante Pfarrkirche Notre-Dame de l'Assomption nehmen. Die ältesten Teile der Kirche stammen aus dem 11. und 12. Jahrhundert. Zu dem sehenswerten Inventar zählen u.a. ein Rittergrab und ein Taufstein. Freunde von »Meister Adebar« kommen im Storchenpark auf ihre Kosten.

Mit dem Geklapper im Ohr verlässt der Reisemobilist Rouffach, bleibt auf der Weinstraße (D18B) und passiert nach 4 Kilometern den Weinort Westhalten am Eingang des Noblen Tals. Am Ortsausgang bzw. am Ortseingang des folgenden Weinortes Soultzmatt befindet sich rechts der Straße ein Stellplatz. Über die D5 geht es durch die Weinorte Orschwihr mit schönen Renaissancehäusern sowie Bergholtz-Zell und Bergholtz, die nur wenige Kilometer voneinander entfernt sind. Von Bergholtz sind es nur 3 km bis Guebwiller im Florival, dem Blumental.

Guebwiller

Auch in dem schmucken Ort Guebwiller dreht sich alles um den Wein. Als einzige Gemeinde im Elsass ist der Ort von vier Grand-Crus-Lagen umgeben. Im Mai lockt die Weinmesse zahlreiche Besucher an. Neben dem Weinbau ist auch der Tourismus ein wichtiger Wirtschaftszweig, schließlich haben viele Weinstuben und Restaurants ihre Pforten für den Reisegast geöffnet. Der kann dann auch die vielen interessanten Bauwerke unter die Lupe nehmen. Hierzu gehören in erster Linie das barocke Schloss mit den benachbarten Kanonikernhäusern, das Rathaus, die Barock-

Der Storch ist in den Weinorten zu sehen und auch zu hören.

kirche Notre-Dame und die Dominikanerkirche, in der wegen ihrer hervorragenden Akkustik im Sommer Kammermusik-Konzerte gegeben werden. Eindrucksvollstes sakrales Bauwerk ist die Kirche St-Léger, mit deren Bau bereits gegen Ende des 12. Jahrhunderts begonnen wurde. Über die lokale Geschichte informiert das Museum »Musée du Florival«.

Von Guebwiller führt die weitere Route durch das Oberelsass wiederum über die Weinstraße. Hierbei bleibt man auf der D5 und fährt wie gewohnt durch idyllische Weinorte wie Soultz, Hartmannswiller, Berrwiller und Wattwiller und erreicht die Stadt Cernay, in der Hymer- und Eriba-Fahrzeuge gebaut werden. Nach 6 km über die D35 erreicht man mit der Stadt Thann, den südlichsten Punkt auf der Route durch das Elsass. Am besten sollte man das Wohnmobil auf dem zentralen Wohnmobilparkplatz abstellen und den Stadtrundgang beginnen.

Thann

Die Stadt Thann liegt am Fluss Thur und ist das südliche Tor zur Elsässer Weinstraße. Die Namensgebung basiert auf einer Sage: der Bischof Theobald starb 1160 und vermachte einen wertvollen Ring seinem Diener. Als er den Ring nach seinem Tod vom Finger des Bischof ziehen wollte, löste sich der Finger. Der Diener führte den Finger im Knauf seines Wanderstabes stets mit sich. Als er bei einer Wanderung unter drei Tannen rastete und den Stab an die Tanne lehnte, konnte er ihn später nicht mehr von der Stelle entfernen. In der Folgezeit pilgerten zahlreiche Wallfahrer nach Thann. Heute erinnert das alljährliche Volksfest »Crémation des trois Sapin« (30. Juni) mit der Tannenverbrennung an die einstigen Geschehnisse. Der Stadtbesucher wird sicherlich zuerst zu der Hauptattraktion der Stadt pilgern, der Kirche St-Thiébaut. Eindrucksvollster Teil der Kirche ist das kunstvoll geschaffene Portal, mit unzähligen Figuren aus dem Marienleben. Das frühgotische Seitenschiff der Kirche ist der älteste Teil des Gotteshauses und wurde zu Beginn des 13. Jahrhunderts geschaffen. Im Inneren ziehen die Winzermadonna und die beiden Figuren des Heiligen Theobald die Blicke auf sich.

Zügig wird die Reise über die N66 in östliche Richtung fortgesetzt. Nach 6 km gelangt man auf die N83, einer weiteren Nationalstraße, über die man nach 40 Kilometern Colmar erreicht. Die prächtige Stadt Colmar ist ein Muss, doch leider ist es für Reisemobile nicht

Die Stadt Thann liegt am Fluss Thur.

Figurenreiches Portal der Kirche St-Thiébaut in Thann.

einfach, einen zentralen Parkplatz zu finden. Eine Möglichkeit ist der Parkplatz am Schwimmbad »Aqualia« (Rue du Pigeon; GPS 48°04'53"N; 007°21'57"E). Vom Parkplatz sind es rund 800 Meter zur Altstadt.

Colmar

Inmitten des Hügellandes des Zentral-Elsass, am Ausgang des Munstertals liegt Colmar, eine der schönsten Städte des Landes. Zahlreiche Touristen strömen in die imposante Stadt, deren Geschichte bis in das 9. Jahrhundert zurückgeht. 1214 erhielt die Siedlung »Colombarium« die Stadtrechte und in der Folgezeit verzeichnete die Stadt einen wirtschaftlichen und kulturellen Aufschwung. Heute ist Colmar eine lebendige Stadt und mit rund 65 000 Einwohnern die drittgrößte Stadt im Elsass. Die Besucher sind tief beeindruckt von der malerischen historischen Altstadt, für die man einen ganzen Tag einplanen sollte. Auf engstem Raum sind die skurrilen Patrizierhäuser, bedeutende Kirchen und sehenswerte Museen sowie einladende Plätze zu finden. Wer unter freiem Himmel sitzt, kann gelassen seinen Kaffee trinken, denn Colmar gehört zu den regenärmsten Städten Frankreichs. Eine Vielzahl reizvoller Geschäfte lädt zum Stöbern und Shopping ein und darüber hinaus kann man den Gaumen in einem der vielen guten Restaurants erfreuen. Beim lohnenswerten Stadtrundgang passiert man sehenswerte sakrale Bauwerke wie die Dominikanerkirche aus dem frühen 14. Jahrhundert und die hohe Martinskirche, die in gotischem Baustil ebenfalls im 14. Jahrhundert errichtet wurde. Gegenüber befinden sich das »Maison Pfister«, ein beachtlicher Renaissancebau (1537), die alte Wache »Ancien Corps de Garde« von 1575 und das »Maison Adolph« von 1350, das älteste Gebäude der Stadt. Auch in der »Rue des Marchands« stehen prächtige Fachwerkhäuser. Hier befindet sich auch das Museum »Musée Bartholdi«. Im Geburtshaus des Bildhauers Frédéric-Auguste Bartholdi (1834–1904) informiert das Museum über das Leben und Werk des Künstlers, der die New Yorker Freiheitsstatue schuf. In der Stadt stößt man beim Rundgang auf einige Statuen des Künstlers so z. B. auf eine Giebelstatue am kuriosen und durch Köpfe geschmückte »Maison des Têtes«, auf das Generalstandbild Rapp auf dem »Place Rapp« oder auf die große Brunnenfigur im Mittelpunkt des kleinen Stadtparks »Champ de Mars«. Ein weiteres in-

Guebwiller
Schloss
Rathaus
Barockkirche
Dominikanerkirche
Musée du Florival
5 Soultz
Hartmannswiler
Berrwiller
Wattwiller
Cernay
35 6 km
Thann
St-Thiébaut
N66 N83 6 km
40 km
Colmar
Patrizierhäuser
Dominikanerkirche
Martinskirche
Maison Pfister
Maison Adolph
Musée Bartholdi
Champs de Mars
Unterlinden-Museum
Petite Venise

»Petite Venise« ist die Schokoladenseite von Colmar.

teressantes Museum ist das zentral gelegene Unterlinden-Museum, das in einem ehemaligen Dominikanerkloster untergebracht ist und durch den Isenheimer Altar bekannt geworden ist. Dieses einmalige Kunstwerk schuf Matthias Grünewald zwischen 1512 und 1516 für das Antoniterkloster von Isenheim. Dieser spätgotische Flügelaltar mit einem Gemälde im Altarsockel (Predella) zeigt u. a. die Grablegung Jesus und seinen Tod am Kreuz. Bei den Bildern dominiert die Ausdruckskraft und die filigrane Darstellung. Darüber hinaus bietet Colmar noch ein Spielzeugmuseum und ein Naturwissenschaftlich-ethnographisches Museum. Bei schönem Wetter schlendert man lieber durch die malerischen Gassen vorbei an historischem Fachwerk. Zu einem reizvollen Teil der Altstadt zählt »Petite Venise«, das Klein-Venedig. Alte Häuser stehen hier am kanalisierten Fluss Lauch und Brücken überspannen das Flüsschen. Mit dem Kahn kann man auch eine kleine Entdeckungstour unternehmen. Ausklingen lassen sollte man den schönen Tag in Colmar mit einem guten Abendessen in einem der vielen Straßenrestaurants auf dem wohl schönsten Platz der Stadt, dem »Place de L'Ancienne Douane«. Mit dem Blick auf das historische Koifhus (Kaufhaus) und den Schwendi-Brunnen schmecken bei lauen Sommerabenden die deftigen Elsässer-Gerichte doppelt gut.

Anders als bei der Fahrt über die Weinstraße Richtung Süden bis nach Thann geht es nun in nördliche Richtung zügig voran. Colmar verlässt man über die Nationalstraße N83. In westliche Richtung blickt man auf die Vogesen und in östliche Richtung sieht man den Kaiserstuhl und dahinter auf den Schwarzwald. Von der N83 gelangt der Reisemobilist dann auf die D1083 und erreicht Sélestat, eine schmucke Stadt, die rund 25 km von Colmar entfernt ist.

» TIPP

Internationales Musikfestival

Jedes Jahr wird in den ersten beiden Juliwochen das Internationale Musikfestival in Colmar veranstaltet. Es fällt in die Hauptreisezeit und so könnte es auch in den Reiseplan des Reisemobilisten passen. Rund 25 klassische Konzerte werden dann im Unterlinden-Museum, in der Kathedrale Saint Matthieu, in der Kapelle Saint Pierre und im Koifhus gegeben (www.festival-colmar.fr). Zu den vielen weiteren Veranstaltungen gehören neben dem Jazzfestival, den Elsässer Folkloreabenden, der Antiquitätenmesse und dem Kinofestival auch die schönen Weihnachtsmärkte (1. Adventswochenende bis 31. Dezember).

Sélestat

Bereits die Römer ließen sich zwischen den Flüsschen Giessen und Ill nieder. Zu Beginn des 13. Jahrhunderts wurde die Siedlung befestigt und 1354 erhielt das damalige Schlettstadt die Stadtrechte. Die Blütezeit hatte die Stadt im 15. und 16. Jahrhundert und stand mit der Lateinschule im Mittelpunkt des deutschen Frühhumanismus. An der Schule lehrten die geistigen Größen Beatus Rhenanus und Erasmus von Rotterdam. 1452 wurde die Humanisten-Bibliothek gegründet. Sie ist in der ehemaligen Kornhalle untergebracht und stellt mit den wertvollen Handschriften, antiken Texten, Drucken und Fotos eine der Sehenswürdigkeiten der Stadt dar. Natürlich stößt der Stadtbesucher bei seinem Rundgang auf einige sehenswerte Bauwerke wie den Hexenturm, den Uhrenturm mit seinen vielen Erkern, die gotische dreischiffige Basilika St-George und die hochaufragende Kirche St-Foy. Eine junge Attraktion ist das Elsässer Brotmuseum.

Von der Stadt Sélestat geht es zur nahe liegenden westlichen Autobahn A35, auf der man in nördliche Richtung rasch vorankommt. Nach rund 60 km erreicht der Reisemobilist die Stadt Strasbourg, eine der bedeutendsten Städte Europas und das Ziel der Reise durch das Elsass. Am besten sucht man den Campingplatz »La Montagne Verte«, rund 2 km südwestlich der Straßburger Innenstadt auf, spaziert oder radelt in die Altstadt oder nutzt die öffentlichen Verkehrsmittel.

Strasbourg – die Europametropole

Der Stadtbesuch in Strasbourg wird unvergessen sein und sicherlich bleibt dem Stadtbesucher das sowohl alte als auch junge Stadtbild, das lebendige Straßenbild und das vielseitige Angebot in bester Erinnerung. Durch den Sitz des Europarates, der EU-Kommision, des Europäischen Parlamentes und die damit einhergehende Berichterstattung steht die Hauptstadt des Département Bas-

Colmar
Patrizierhäuser
Dominikanerkirche
Martinskirche
Maison Pfister
Maison Adolph
Musée Bartholdi
Champs de Mars
Unterlinden-Museum
Petite Venise

N83 1083 25 km

Sélestat
Hexenturm
Uhrenturm
Basilica St-George
St-Foy
Brotmuseum

A35 60 km

Strasbourg
Ziel
Strasbourger Münster
Europarat
Maison Kammerzell
Hirschapotheke
Le Palais Rohan
Elsässisches Museum
Shoppingvergnügen

Altes Fachwerk schmückt die Plätze und Gassen von Colmar.

» TIPP

Erstmal Höhenluft schnuppern
Bevor man sich in das Strasbourger Getümmel stürzt, sollte man sich im wahrsten Sinne des Wortes einen Überblick über die Stadt verschaffen. 332 Stufen führen die Wendeltreppe hinauf auf das Strasbourger Münster. Hierbei folgt man den Spuren des Dichters Johann Wolfgang von Goethe, der hier oft hinaufging, um seine Höhenangst zu bekämpfen. Von der Aussichtsplattform in einer Höhe von 66 Metern hat man einen grandiosen Blick über die Stadt und erkennt auch in der Ferne den Pfälzer Wald, die Vogesen und den Schwarzwald.

Rhin stets im öffentlichen Interesse. Bei den Reisenden sind die Nivellierungsgesetze jedoch nur zweitrangig und so möchte man die historische Altstadt der rund 275 000 Einwohner zählenden kosmopolitischen Stadt hautnah erleben – geringer ist das Interesse für das moderne Europa-Viertel.

Zu den vielen Facetten der Stadt, der man einen eigenen Reiseführer widmen müsste, gehören die folgenden Merkmale: die Stadt verfügt über den zweitgrößten Binnenhafen Frankreichs, sie ist Sitz des deutsch-französischen Kulturkanals »Arte« und rund 30 000 Studenten sind an den drei Hochschulen und den unzähligen Instituten eingeschrieben.

Strasbourg blickt auf eine mehr als 2000-jährige Geschichte zurück, denn bereits im Jahre 12 v. Chr. wurde ein Römerlager mit dem Namen Argentoratum errichtet. In der langen Stadtgeschichte war Strasbourg mal deutsch und mal französisch. Im Zweiten Weltkrieg wurde die deutsche Belagerung durch die Befreiung der Allierten 1944 aufgehoben. Seitdem ist das Lebensgefühl französisch, was man gerade in den alten Gassen und auf den lebendigen Plätzen insbesondere an warmen Sommerabenden hautnah spüren kann. Durch die vielen Sehenswürdigkeiten und baulichen Highlights sollte man sich für Strasbourg ausreichend Zeit lassen. Die prächtige Altstadt ist vom Kanal der Ill umgeben und so kann man Stadtführungen nicht nur mit der Mini-Tram, sondern auch mit dem Schiff unternehmen. Problemlos ist man zu Fuß unterwegs.

Die größte Attraktion ist im wahrsten Sinne des Wortes das Strasbourger Münster, die Kathedrale Notre-Dame. Sie ist mit 142 Me-

Blick vom Strasbourger Münster.

tern Höhe von weither sichtbar und wer sich dem Gotteshaus nähert, wird von der kunstvoll geschaffenen Fassade begeistert sein. Die ältesten Teile des Bauwerkes stammen aus dem Jahre 1015, die meisten Teile stammen jedoch, nach einem Brand im Jahre 1176, aus dem ausgehenden 12. Jahrhundert. Im Inneren des Gotteshauses begeistert die Astronomische Uhr, deren Figuren sich täglich um 12.30 Uhr in Bewegung setzen sowie die Rosette an der Westfront und die Engelpfeiler im Querschiff. Vor dem Münster treffen sich unzählige Touristen, Reisegruppen und Kleinkünstler, so dass der »Place de la Cathedrale« nicht zu einem längeren Aufenthalt einlädt. Wer vor dem Trubel flüchtet, sollte die am Platz stehenden Bauwerke »Maison Kammerzell« und »Hirschapotheke« in Augenschein nehmen. Im Maison Kammerzell, das bereits 1467 errichtet wurde und durch seine dunkle und reich verzierte Holzfassade auffällt, ist heute ein Feinschmeckerrestaurant untergebracht, während man in der Hirschapotheke immer noch heilsame Produkte kaufen kann. Nur wenige hundert Meter rund um die Kathedrale stößt man auf Sehenswürdigkeiten wie das Bischofspalais »Le Palais Rohan« (Kunstgewerbemuseum, Archäologisches Museum) und das Elsässische Museum (Musée Alsacien) mit einer Ausstellung zur Geschichte und Kultur des Elsass. Nebenan befinden sich das Historische Museum und die Brücke »Pont du Corbeau«, von der im Mittelalter die Verbrecher bei lebendigem Leibe in Säcke gepackt und ertränkt wurden. Alles andere als schaurig präsentiert sich im Westen der Altstadt das Viertel »Petite France«. Wo einst die Gerber die Tierhäute spülten und Leder herstellten, sitzen heute die Besucher im Straßencafé und blicken auf die passierenden Schiffe und flanierenden Touristen. Ein weiteres schönes Fleckchen, um die Seele baumeln zu lassen, ist der »Place Kléber«. Wer an diesem großen Platz die Kosten in den Straßencafés scheut, nimmt Platz rund um den großen Brunnen und erfreut sich an raffinierten Wasserspielen. Viel Freude bereiten auch die Zeichnungen des bekannten Karikaturisten Tomi Ungerer, der 1931 in Strasbourg geboren ist (Centre de Documentation Tomi Ungerer). Auf dem Weg von der einen Attraktion zur anderen passiert man zahlreiche Geschäfte, die keinen Zweifel daran lassen, dass die kosmopolitische Metropole sich auch bestens zum Shopping anbietet. Darüber hinaus lockt ein bunter Mix aus Restaurants, Bars und Kneipen am Abend. Während im übrigen Elsass der Wein das beliebteste Getränk ist, wird in Strasbourg umfangreich Bier gebraut, z. B. in der Traditionsbrauerei 1664.

Moderne und zeitgenössische Kunst lockt in Strasbourg.

» SEHENSWERT

Museum für Moderne und Zeitgenössische Kunst

Im Westen der Altstadt lohnt sich der Besuch des »Musée d'art moderne et contemporaine«, das in einem hypermodernen und lichtdurchfluteten Bauwerk untergebracht ist. Moderate Eintrittspreise und eine Vielzahl imposanter Kunstwerke namhafter Künstler sprechen für das Museum, das erst 1998 eingeweiht wurde. Unter anderen blickt der Kunstinteressierte auf Werke von Max Ernst, Vassily Kandinsky, Jörg Immendorf und Claude Monet (www.musees-strasbourg.org).

» PRAKTISCHE HINWEISE

Touristeninformationen

Wissembourg: Office de Tourisme de Wissembourg, 9, Place de la Republique, 67163 Wissembourg, Tel. 03 88 94 10 11, www.ot-wissembourg.fr

Colmar: Office de Tourisme de Colmar, 4, Rue Unterlinden, 68000 Colmar, Tel. 03 89 20 68, www.ot-colmar.fr

Strasbourg: Office de Tourisme de Strasbourg, 17, Place de la Cathedrale, 70020 Strasbourg, Tel. 03 88 52 28 28, www.ot-strasbourg.fr

Camping- und Stellplätze

Hilfreicher Link im Internet: www.camping-alsace.com

Haguenau – Campingplatz »Camping Municipal Les Pins«
Auf dem Campingplatz, am Rande eines Waldgebietes steht man auf einem ebenen Wiesengrund unter schattigen Bäumen, Tel. 03 88 73 91 43, www.tourisme-haguenau.eu

Saverne – Campingplatz »Camping Saverne« GPS: 48°43'53"N; 007°21'20"E;
Rund 2 km außerhalb des sehenswerten Stadtzentrums von Saverne befindet sich der gut ausgestattete Campingplatz in der Rue du Père Libermann 40. Auf dem Wiesengelände stehen rund 40 Plätze für Reisemobile zur Verfügung. Außerhalb des Campinggeländes kann eine Ver- und Entsorgungsstelle genutzt werden. Tel. 03 88 91 35 65, www.campingsaverne.com

Obernai – Campingplatz »Camping Municipal Le Vallon de l'Ehn« GPS: 48°27'55"N; 007°28'01"E
Auf diesem ganzjährig geöffneten Campingplatz kann man es lange aushalten. Die Drei-Sterne-Anlage ist gut ausgestattet und verfügt über einen Bereich nur für Wohnmobile. Hier steht man auf einer ebenen Schotterfläche und nur wenige Meter ist das gute Sanitärgebäude entfernt. Zur schönen Altstadt von Obernai ist es rund 1 km. Tel. 03 88 95 38 48, www.obernai.fr

Ribeauvillé – Stellplatz GPS: 48°11'32"N; 007°19'43"E;
An der »Route de Guémar« liegt der kostenpflichtige Stellplatz. Zur Altstadt sind es nur rund 300 Meter. Auf einer ebenen Schotterfläche befinden sich rund 20 Stellplätze sowie die Ver- und Entsorgungsmöglichkeit, Tel. 03 89 73 20 00, www.ribeauville.net

Riquewihr – Stellplatz Parkplatz Riquewihr
Der Parkplatz in der »Avenue Jacques Presis« liegt rund 200 m unterhalb des Rathauses und somit in der Nähe der schönen Altstadt. Hier steht man kostenpflichtig (Parkautomat) auf Asphalt. Eine Ver- und Entsorgungsanlage befinden sich ebenfalls am Parkplatz.

Campingplatz »Camping Intercommunal«
Der Vier-Sterne-Campingplatz hat eine günstige Lage und ist 1 km von Riquewihr, 5 km von Ribeauville und 13 km von Colmar entfernt. 22 Plätze stehen für Wohnmobile zur Verfügung: Tel. 03 89 47 90 08, www.camping-alsace.com

Soultzmatt/Westhalten – Stellplatz an der D18B GPS: 47°57'22"N; 007°15'04"E;
Am Ortausgang Westhalten bzw. am Ortseingang Soultzmatt, an der Straße D18B liegt der kleine Stellplatz. 6 bis 7 Fahrzeuge finden hier Platz (Ver- und Entsorgung).

Westhalten/Bollenberg – Stellplatz »Auberge au vieux Pressoir« GPS: 47°56'39"N; 007°15'22"E;
Einen Stellplatz der besonderen Art erreicht man nach langer Fahrt den Weinberg hinauf. Er liegt auf dem Bollenberg, beim Restaurant »Auberge au vieux Pressoir«. Von der N83 fährt man auf die D18 Richtung Westhalten ab und nimmt die nächste Möglichkeit links auf die einspurige Straße Richtung »Bollenberg«. Nach der Fahrt durch die Weinberge erreicht man den Stellplatz, beim Restaurant. Der Blick über die Weinberge und die Rheinebene ist grandios. Ab hier kann man auch über die ausgeschilderten Wanderwege spazieren. Tel. 03 89 49 67 10.

Orschwir – Stellplatz Orschwir GPS: 47°48'42"N; 007°06'17"E;
Am nördlichen Ortsausgang, an der D5 liegt der kleine und gepflegte Stellplatz mit ebener Asphaltfläche. Nebenan befindet sich ein Spielplatz und ein Weinverkauf. Neben der Ver- und Entsorgungsmöglichkeit bietet er einen herrlichen Blick auf die Weinberge, Tel. 03 89 62 12 34.

Thann – Stellplatz am »Place du Bungert«
Zwischen dem großen Parkplatz »Place du Bungert« und dem Fluss Thur liegt der Stellplatz. Die Asphaltfläche ist geneigt und von Bäumen umgeben. Rund 20 Reisemobile können hier (sehr dicht aneinander) stehen. Nur wenige hundert Meter sind es zur Innenstadt, Tel. 03 89 38 53 00.

Horbourg-Wihr (Colmar) – Campingplatz »Camping de l'Ill«
Der Campingplatz ist mit drei Sternen dekoriert und liegt im Osten von Colmar, rund 2 km von der Altstadt entfernt (im Ortsteil Horbourg-Wihr): Tel. 03 89 41 15 94, www.camping-alsace.com

Sélestat – Campingplatz »Les Cigognes«
Der einfach ausgestattete Campingplatz bietet Stellplätze auf dem Campingplatz und auch die Ver- und Entsorgungsmöglichkeit für Durchreisende. Er befindet sich an der »Rue de l'Eglise«, Tel. 03 88 92 03 98, www.selestat-tourisme.com

Strasbourg – Campingplatz »La Montagne Verte«
GPS: 48°34'31"N; 007°42'56"E;
Rund 2 km südwestlich der Straßburger Innenstadt befindet sich der Campingplatz. Wohnmobilisten stehen auf einem eigenen Bereich (Wiese). Ab der Ausfahrt »Montagne Verte« von der A35/A25 ist der Campingplatz beschildert. Der Platz verfügt über eine Ver- und Entsorgungsanlage, Tel. 03 86 37 95 83, www.ffcc.fr
Eine weitere Ver- und Entsorgungsmöglichkeit befindet sich bei der Jugendherberge René Cassin (9, Rue de l'Auberge de Jeunesse).

Der gepflegte Campingplatz »Camping Municipal Le Vallon« in Obernai.

» INFOS FÜR DEN REISEMOBILISTEN

Die Fahrt auf den fünf beschriebenen Reiserouten ist für den Wohnmobilfahrer problemlos möglich. Da man im Reisemobil durch eine erhöhte Sitzposition einen besseren Überblick hat und zudem nur mit mäßiger Geschwindigkeit unterwegs ist, kann man Gefahren und Schilder rechtzeitig erkennen. Eine Reihe von Vorschriften sind jedoch zu beachten, bevor die hohen Bußgelder die Reisekasse unnötig belasten.

Verkehrsbestimmungen

Die Promillegrenze beträgt 0,5. Telefonieren ist nur mit einer Freisprecheinrichtung gestattet. Die Höchstgeschwindigkeiten betragen im Stadtverkehr 50 km/h, außerhalb der geschlossenen Ortschaften 90 km/h bzw. bei Schnellstraßen mit Fahrbahntrennung 110 km/h. Fahrzeuge mit einem Gesamtgewicht über 3,5 t dürfen hierbei 80 km/h bzw. auf Schnellstraßen 100 km/h fahren. Differenziert wird auch auf Autobahnen und so darf max. 130 bzw. 110 km/h schnell gefahren werden. Geschwindigkeitsüberschreitungen werden in Frankreich mit hohen Bußgeldern geahndet. An der Küste sollten gerade Wohnmobile mit einem hohen Aufbau bei Seitenwind langsam fahren.

Parken

Gelbe Streifen am Fahrbahnrand weisen auf ein Parkverbot hin. Mit kompakten Wohnmobilen und Campingbussen sollte man versuchen einen zentralen Parkplatz anzusteuern. Große Wohnmobile stellt man am besten außerhalb der Stadtzentren oder direkt auf den zentrumsnahen Camping- und Stellplätzen ab. Die Übernachtung auf den öffentlichen Parkplätzen ist verboten. Einige außerhalb der Stadtzentren liegende Einkaufszentren verfügen über Parkplätze mit Höhenbeschränkungen. Man versucht hierbei die Reisemobilisten vom nächtlichen Parken abzuhalten.

Papiere

Neben dem gültigen Reisepass oder dem Personalausweis muss man auch die Fahrzeugpapiere mitführen. Im Falle eines Unfalles sollte man auch die Grüne Versicherungskarte vorlegen können.

Beste Fahrzeit

Auf den sogenannten Nationalstraßen und den Straßen der Départements kann man sehr einfach dem großen Andrang in der Urlaubszeit entrinnen. Zwischen 12.00 und 14.30 Uhr liebt es der Franzose zu speisen und wer dann mit seinem Wohnmobil unterwegs ist, fährt entspannt und staufrei. Allerdings hat man in dieser Zeit auf den Autobahnrastplätzen seine Mühe, einen Parkplatz zu finden.

Historische Bauwerke wie die Klosterruine »Abbaye de Beauport« bei Paimpol in der Bretagne sind in Frankreich zahlreich.

Tanken

Die Tankstellen (frz. Station d'essence) sind zahlreich und Diesel heißt auf französisch »Gazole«. Vereinzelt stehen auch Tankautomaten zur Verfügung. Hierbei ist zu beachten, dass nicht alle Kreditkarten akzeptiert werden. Tankstellen bei größeren Einkaufszentren bieten den Kraftstoff überwiegend günstiger an.

Pannenhilfe

Im Falle einer Panne sollte man sich an den ADAC wenden. In Lyon steht ein Ansprechpartner des ADACs unter der Telefonnummer 08-25800822 zur Verfügung (Deutschland Tel. 0049-89222222). Das Fahrzeug-Handbuch bzw. die Service-Hotline des Fahrzeugherstellers informieren über die nächste Werkstatt. Bitte Fahrzeug durch das Warndreieck absichern und Warnweste tragen. Auf den Autobahnen kann man über die Notrufsäulen die benötigte Hilfe anfordern.

Maut

Leider muss auf den meisten Autobahnen ein Benutzungsentgelt bezahlt werden. Die Höhe dieser Maut richtet sich in der Regel nach dem zurückgelegten Abschnitt auf der Autobahn. An der Mautstation erhält der Reisende per Knopfdruck oder automatisch ein Ticket, das an der nächsten Station, z. B. an der Autobahnabfahrt, wieder vorgelegt werden muss. Hierbei hat man die Möglichkeit das Ticket einem Kassierer vorzulegen und zu bezahlen (bar oder Kreditkarte) oder das abgezählte Geld einzuwerfen. Diese Gebühr wird angezeigt. Kompakte Wohnmobile (z.B. Kleinbusse, Campingbusse mit Hubdach) unter 2 Meter Höhe werden in die Klasse 1 eingestuft, während größere Wohnmobile in die Klasse 2 eingestuft werden. Für Reisemobile über 3,5 t zulässiges Gesamtgewicht kann ein Zuschlag erhoben werden.
Im Rahmen der beschriebenen Routen wird nur selten auf der Autobahn gefahren. Teilweise handelt es sich um mautfreie Abschnitte. Allerdings lohnt sich die Anfahrt zur Urlaubsregion über die Autobahn, denn schließlich ist die Fahrt über die Straßen der Départements und der Nationalstraßen wesentlich zeitintensiver und schließlich dürfte der Spritverbrauch bei kontinuierlicher mäßiger Geschwindigkeit geringer sein. Infos unter www.autoroutes.fr

Geänderte Straßennummern

In den vergangenen Jahren wurden viele Straßennummern geändert, so dass beim Abgleich der Karte oder der veralteten Navigations-Software einige Irritationen auftreten können. Daher sollte man mit einer aktuellen Karte unterwegs sein.

REISEINFORMATIONEN VON A BIS Z

Angeln

Begeisterte Angler werden sicherlich im Staukasten des Wohnmobils ihre Angel mitführen. An der Küste der Bretagne und der Normandie lohnt es sich, die Angel auszuwerfen. Am Meer ist das Angeln erlaubt und kostenlos. An den Binnenseen und Flüssen sollte man sich nach einer Angelkarte erkundigen. In der Bretagne ist das Fußfischen beliebt. Hierbei sammelt man Schalentiere und Muscheln, nachdem sich bei Ebbe das Meer zurückgezogen hat.

Baden

Die Küstenregionen Nord-Pas-de-Calais, Normandie und die Bretagne haben in den Sommermonaten für ihre Breitenlage einen vergleichsweise frischen Sommer. Hinzu kommt der stetig wehende Westwind. Die Strände sind jedoch zahlreich und viele Badeorte haben gleich vor den Stadttoren feine Sandstrände, die nur selten überlaufen sind. Leider sind die Wassertemperaturen mit 13 °C im Juni und 16 °C bis max. 20 °C im August nicht besonders hoch. Vielfach starke Wellen und die ausgeprägten Gezeiten mit einem enormen Tidenhub beeinträchtigen die Badefreuden. Jedoch sollte man an windstillen und heißen Sommertagen die Möglichkeit nutzen und sein Badelaken am Strand ausbreiten.

Diebstahl

Grundsätzlich sollte man im Urlaub auf sein Wohnmobil und seinen Besitz achten. Das im Handel erhältliche Zubehör kann vor einem möglichen Einbruch schützen. Sinnvoll ist es auch, keine Wertsachen und Papiere im Reisemobil zurückzulassen. Warnschilder auf Park- und Rastplätzen sollten ernst genommen werden. Leider kommt es immer wieder vor, dass Reisende Opfer von Taschendieben werden. Gerade an belebten und unübersichtlichen Plätzen ist die Gefahr besonders groß. Es ist daher ratsam, einen Brustbeutel mitzunehmen. Hand- und Kamerataschen sollten an überfüllten Plätzen verschlossen unter dem Arm getragen werden. Darüber hinaus sollten auch die Rechnungen in den Restaurants kontrolliert werden. Delikte sollten der Polizei (Gendarmerie) gemeldet werden. Beim Verlust von Kreditkarten sofort die zentrale Nummer 00 49-11 61 16 anrufen (oder die individuell zuständige Nummer) und die Karten sperren lassen.

Diplomatische Vertretungen

Bei größeren Problemen ist es ratsam, sich mit der Botschaft in Verbindung zu setzen:
Botschaft der Bundesrepublik Deutschland (Ambassade de la République fédérale d'Allemagne, : 13–15, Avenue

Franklin D. Roosevelt, 75008 Paris, Tel. (00 33) 01 53 83 45 00, Fax (00 33) 01 53 83 46 50, www.amb-allemagne.fr.
Botschaft von Österreich: 6, Rue Fabert, 75007 Paris, Tel. (00 33) 01 45 55 95 66.
Botschaft der Schweiz: 142, Rue de Grenelle, 75007 Paris, Tel. (00 33) 01 25 55 67 00.

Dokumente

Wer in Frankreich unterwegs ist, sollte einen gültigen Personalausweis oder einen Reisepass mitführen. Darüber hinaus benötigt man den Führerschein und den Fahrzeugschein (Zulassungsbescheinigung Teil 1). Empfehlenswert ist auch das Mitführen der »Grünen Versicherungskarte«.

Feiertage und Feste

Der Nationalfeiertag ist am 14. Juli. Er erinnert an den Sturm der Bastille während der Französischen Revolution im Jahre 1789. Neben diesem hochrangigen Feiertag gibt es weitere gesetzliche Feiertage wie den 1. Januar, den Ostermontag, den 1. Mai (Tag der Arbeit), den 8. Mai (Tag des Waffenstillstands im Jahr 1945), Christi-Himmelfahrt, Pfingstmontag, Maria-Himmelfahrt (15. August), Allerheiligen (1. November), 11. November (Tag des Waffenstillstands im Jahr 1918) und der Erste Weihnachtstag. Im Elsass sind auch der Karfreitag und der Zweite Weihnachtstag Feiertage. An den Feiertagen bleiben die Postämter, Banken und viele Geschäfte geschlossen.

Fotografieren

Ob im schmucken Weinörtchen im Elsass, an der reizvollen Küste der Normandie und Bretagne oder vor dem Schloss im Tal der Loire, gerne hält man die grandiosen Fotomotive fest. Oft reicht das Filmmaterial nicht aus, dann erhält man Filme und Speicherkarten in Fotogeschäften. Darüber hinaus wird man auch in Supermärkten, Souvenirgeschäften und Kiosken fündig. Zu beachten ist auch, dass man in Museen vielfach nicht fotografieren darf. Teilweise ist lediglich das Fotografieren mit dem Blitz verboten.

Geld

In Frankreich zahlt man seit dem 1.1.2002 mit dem Euro. So entfällt das lästige Umrechnen und das Wechseln in fremde Devisen ist auch nicht mehr erforderlich. Geld kann man am einfachsten an den zahlreichen Bankautomaten ziehen. Neben den üblichen Kreditkarten wird vielfach auch die EC-Karte akzeptiert. Viele Campingplätze akzeptieren bei der Bezahlung ebenfalls die Kreditkarte.

Gesundheit

Generell ist das französische Gesundheitssystem gut und bei gesundheitlichen Problemen sollte man sich an einen Arzt oder an ein Krankenhaus wenden. Die geöffnete Apotheke ist am grünen, blinkenden Neonkreuz zu erkennen. Mitführen sollte man die Europäische Krankenversicherungskarte. Kleinere Arztrechnungen sollten bar bezahlt und später mit der Krankenkasse abgerechnet werden. Bei größeren Behandlungen erhält man gegebenenfalls eine Rechnung, die dann von der Krankenkasse zu begleichen ist. Um einen rundum besseren Schutz zu haben, z. B. Krankenrücktransport, empfiehlt sich der Abschluss einer privaten Auslandsreisekrankenversicherung.

Hunde

Vielfach ist der Hund beim Wohnmobilurlaub ein beliebter Mitreisender. Das Tier sowie eine gültige Tollwutimpfung müssen im EU-Heimtierausweis eingetragen sein (mind. 21 Tage vor der Einreise).

Informationen

Vor der Reise sollte man sich an das Französische Fremdenverkehrsamt wenden:
Französisches Fremdenverkehrsamt, Zeppelinstraße 37, D-60325 Frankfurt/Main, Tel. 09 00-1 57 00 25 (0,49 €/Min. aus dem deutschen Festnetz), Fax 09 00-1 59 90 61 (0,49 €/Min. aus dem deutschen Festnetz), E-Mail: info.de@franceguide.com Infos im Internet: www.franceguide.com oder unter www.frankreich-info.de Vor Ort sollte man sich in den Touristenbüros (Office de Tourisme) die gewünschten Infos aus erster Hand besorgen. Sie befinden sich oft im Stadtzentrum, z. B. am Markt oder im Rathaus, und sind an dem Schild mit dem »i« zu erkennen.

Märkte

In vielen Städten werden Wochenmärkte abgehalten. Sie gehören zu den Anziehungspunkten der Einheimischen, sind aber auch für Reisende interessant. Fast jede Stadt hält einen Markt ab, auf dem man u. a. frisches Obst und Gemüse, Käse und Fisch sowie Backwaren kaufen kann. In vielen Städten ziehen auch Trödelmärkte die Besucher an. In Lille ist der berühmte Trödelmarkt rund 200 Kilometer lang.

Mücken

Sie gehören zu den Plagegeistern des Urlaubs und so sollte ein entsprechender Mückenschutz mitgenommen oder vor Ort, z. B. in der Drogerie, gekauft werden.

Notfall

Im Notfall erreicht man den Notarzt unter der Nummer 15 und die Polizei unter der Nummer 17 sowie die Feuerwehr unter der Telefonnummer 18 (Notruf mit dem Handy: 112).

Öffnungszeiten

Die Öffnungszeiten der Geschäfte, Banken und Postämter können lokal sehr unterschiedlich sein. Die Banken öffnen an den Werktagen zwischen 9.00 und 12.00 Uhr und zwischen 14.00 und 16.30 Uhr. Lebensmittelgeschäfte haben in der Regel von Montag bis Samstag von 8.00 bis 13.00 Uhr und 14.00 bis 19.00 Uhr geöffnet. Größere Supermärkte haben vielfach durchgehend und oft bis 22.00 Uhr geöffnet. In den Touristenzentren kann man auch am Sonntag in den Supermärkten und Souvenirgeschäften einkaufen.

Post

Die Postämter sind an den Schildern mit den Buchstaben PTT oder an dem Schriftzug »Bureau de Poste« zu erkennen. Die Öffnungszeiten sind werktags von 8.00 bis 19.00 Uhr, am Samstag schließt die Post um 12.00 Uhr. Für Postkarten nach Deutschland, Österreich und in die Schweiz benötigt man eine Briefmarke (franz. timbre) im Wert von 0,50 Euro. Sie erhält man im Postamt oder in den Tabakläden. Die gelben Postkästen werden täglich geleert.

Rauchen

In Frankreich ist das Rauchen in öffentlichen Gebäuden und öffentlichen Verkehrsmitteln verboten. In den Restaurants werden Raucher- und Nichtraucherzonen angeboten. Im Allgemeinen: Je besser das Restaurant, desto weniger wird geraucht. Zigaretten kann man u. a. in Tabakläden »Bar-Tabacs« kaufen.

Souvenirs

Aus dem Elsass bringt man gerne eine Flasche Wein mit nach Hause und zu den beliebtesten Souvenirs der Normandie und Bretagne gehören der Apfelwein »Cidre« und der Apfelschnaps »Calvados«. Aber auch der Camembert, der berühmte Weichkäse, schmeckt noch prima im Heimatland.

Strom

In Frankreich beträgt die Stromspannung 220 Volt. Leider passen die Schukostecker nicht in die französischen Steckdosen. Hierfür benötigt man einen Adapter. Passend sind jedoch die kleinen schmalen Eurostecker, wie z. B. für Rasierer oder kleine Ladegräte (Handy, Kamera, MP3-Player etc).

Telefonieren

Auf Telefonzellen stößt man in belebten Einkaufsstraßen, an öffentlichen Plätzen im Stadtzentrum, am Bahnhof, an den Postämtern oder auf größeren Campingplätzen. Die Betreibergesellschaft ist France Telecom und für den Fernsprecher benötigt man überwiegend eine Telefonkarte (télécarte), die man an Kiosken, in Tabakgeschäften, bei der Post oder der Rezeption des Campingplatzes erhält. Für das Telefonieren von Frankreich nach Deutschland muss die Landesvorwahl 0049, für Österreich 0043 und für die Schweiz 0041 vorgewählt werden. Für das Telefonieren aus dem Ausland nach Frankreich benötigt man die Landesvorwahl 0033.

Trinkgeld

Besondere Dienstleistungen werden in der Regel mit einem Trinkgeld honoriert. So gibt man dem Kellner ein Trinkgeld von rund 10 Prozent der Rechnung. Über einen kleinen Obolus freuen sich auch Friseure und Fremdenführer.

Wettervorhersage

Wer sich vor Antritt der Reise über das Wetter informieren möchte, sollte im Internet unter www.meteofrance.com nachschauen.

Zeitungen

In den Touristenzentren erhält man überwiegend an Kiosken und Tabakgeschäften deutschsprachige Zeitungen.

Zoll

Rauchwaren und Alkohol dürfen für den Eigenbedarf unter Berücksichtigung folgender Obergrenzen eingeführt werden: 800 Zigaretten, 400 Zigarillos, 200 Zigarren, 10 Liter Spirituosen, 110 Liter Bier und 90 Liter Wein.

Mit den richtigen Reiseinfos gelingt der Urlaub und wird unvergessen sein.

AU PIED D'CHEVAL
MEUBLÉS A LOUER
BOULANGERIE
PHOTO
BOULANGERIE
Restaurant LE SURCOUF Restaurant

WEINSBERG

Register

I

J

K

L

M

N

O

P

Q

R

S

T

U

V

W

Z

WEITERE TITEL DIESER REIHE

ISBN 978-3-7654-4321-3

ISBN 978-3-7654-4356-5

ISBN 978-3-7654-4535-4

ISBN 978-3-7654-4355-8

ISBN 978-3-7654-4536-1

ISBN 978-3-7654-4793-8

Frankreichs Süden mit dem Wohnmobil: Traumtouren von der Côte d'Azur bis zum Atlantik

ISBN 978-3-7654-4380-0

Kroatien mit dem Wohnmobil: Die schönsten Reiserouten von Istrien bis Süddalmatien

ISBN 978-3-7654-4794-5

Das komplette Programm unter
www.bruckmann.de

BRUCKMANN

Impressum

Unser Gesamtverzeichnis finden Sie
unter: www.bruckmann.de

Produktmanagement: Carl-Christian Steinbeißer
Lektorat: Heidi Wahr
Layout und Satz: Comtex, Augsburg
Repro: Cromika s.a.s., Verona
Umschlaggestaltung: Zehentner & Partner, München
Kartographie: Heike Boschmann, Frankfurt
Herstellung: Comtex, München
Printed in Italy by Printer Trento.

Alle Angaben dieses Werkes wurden vom Autor sorgfältig recherchiert und auf den aktuellen Stand gebracht sowie vom Verlag geprüft. Für die Richtigkeit der Angaben kann jedoch keine Haftung übernommen werden. Für Hinweise und Anregungen sind wir jederzeit dankbar. Bitte richten Sie diese an:

Bruckmann Verlag
Produktmanagement
Innsbrucker Ring 15
Postfach 40 02 09
D-80702 München
E-Mail: lektorat@bruckmann.de

Bildnachweis
Alle Abbildungen des Umschlags und des Innenteils stammen von Dr. Thomas Kliem.

Die Deutsche Nationalbibliothek – CIP-Einheitsaufnahme:
Ein Titeldatensatz für diese Publikation ist bei der Deutschen Nationalbibliothek erhältlich.

ISBN 978-3-7654-4849-2